Hans Christian Schmidbaur
Augustinus begegnen

Papst Benedikt XVI.

* 16. April 1927 in Marktl am Inn,
zum Papst gewählt am 19. April 2005

Benedikt, „der Gesegnete“, läßt an den Mönchsvater und Patron Europas denken, auch an den Vorgänger im Petrusamt, der sich im Ersten Weltkrieg um Ausgleich zwischen den Völkern bemühte und die Kirche nach spannungsreicher Zeit zu neuer innerer Einheit finden ließ. Aber mehr noch: Dieser Name erinnert uns an die tägliche Feier der Laudes und der Eucharistie:

Benedictus Dominus Deus Israel, quia visitavit et fecit redemptionem plebi suae *(Lk 1,68).*
Gepriesen sei der Herr, der Gott Israels!
Denn er hat sein Volk besucht
und ihm Erlösung geschaffen.

Benedictus, qui venit in nomine Domini *(Ps 118,26).*
Gesegnet sei er, der kommt im Namen des Herrn.

„Gesegnet, gelobt, gepriesen sei ...“ – darin kommt Israels Grundhaltung zum Ausdruck: Loben und Danken. Wer sich von Gott gesegnet weiß, möchte ihn nicht nur in Worten preisen; vielmehr will er dieses Lob und diesen Dank *leben*, will den empfangenen Segen und die Freude über Gottes Zuwendung weiterschenken.
Tun wir dies gemeinsam mit allen, die den Namen Jesu Christi tragen – dann dürfen wir hoffen, daß er selbst uns zur gemeinsamen Feier vereinen wird. Und entsprechen wir dem Wunsch des neuen Papstes: Erbitten wir für ihn Kraft für seinen Dienst an der Einheit.

Abbildung: Papst Benedikt XVI. zeigt sich nach seiner Wahl am 19. April 2005 auf der Loggia des Petersdomes. © Foto: KNA-Bild

Hans Christian Schmidbaur

Augustinus begegnen

SANKT ULRICH VERLAG GmbH

Bibliografische Information Der Deutschen Bibliothek

Die Deutsche Bibliothek verzeichnet diese Publikation in der
Deutschen Nationalbibliografie; detaillierte bibliografische Daten
sind im Internet über http://dnb.ddb.de abrufbar.

Umschlaggestaltung: UV Werbung, Mediengruppe Sankt Ulrich Verlag, Augsburg
Titelbild: Sandro Botticelli, Der heilige Augustinus in der Zelle, Florenz,
Galleria degli Uffizi. Foto: AKG, Berlin
Druck und Herstellung: Ludwig Auer GmbH, Donauwörth
Printed in Germany
ISBN 3-929246-87-2
www.sankt-ulrich-verlag.de

Ein erster Blick auf Aurelius Augustinus

354	13. November: Geburt in Thagaste, römische Provinz Numidien (Nordafrika) Vater: Patricius, Berber, römischer Bürger, Magistratsmitglied, Heide Mutter: Monika, überzeugte Christin
361–366	Schüler in Thagaste und Madaura
Ende 370	Rhetorik-Studium in Karthago
371	Tod des Vaters. Augustinus sucht sich eine Konkubine
372	Geburt seines Sohnes Adeodatus; „Bekehrung" zur Philosophie durch Cicero-Lektüre
373	Manichäer; lehrt *artes liberales* in Thagaste
374–383	Rhetorik-Dozent in Karthago
379/380	West- und Ostkaiser Gratian und Theodosius erlassen ein Edikt zugunsten des Bekenntnisses des Konzils von Nizäa (325)
381	Konzil von Konstantinopel
383	Rhetorik-Dozent in Rom, Abwendung vom Manichäismus, Skeptiker
384	Kaiserlicher Professor für Rhetorik in Mailand
386	Bischof Ambrosius kämpft gegen Arianismus der Kaiserin Justina. Augustinus hört seine Predigten; wird Neuplatoniker ca. 15. August: Bekehrung zum Christentum („Gartenszene": *Tolle, lege* – „Nimm und lies!") Trennung von seiner 2. Konkubine, Aufgabe der Professur, Schriften gegen den akademischen Skeptizismus, Begeisterung für das Mönchtum Gründung einer religiös-philosophischen Gemeinschaft in Cassiciacum

387	24. April: Taufe durch Ambrosius in Mailand, Vision mit Monika, die in Ostia stirbt
	Ein Jahr in Rom
388	Rückkehr in die Heimatstadt Thagaste, Gründung der zweiten Kommunität; Tod des Adeodatus. Schriften gegen die Manichäer
391	Priesterweihe
394	Schriften gegen die Donatisten
395	Theodosius (zuletzt Alleinherrscher) stirbt. Neue Kaiser: Honorius (Westen), Arcadius (Osten)
	Bekämpfung von religiösen Mißbräuchen, wie „Freßgelagen" in Kirchen
	Koadjutor und Weihbischof von Hippo
396	Bischof von Hippo Regius
	De doctrina christiana
397	*Confessiones*
399	*De trinitate*
404	Einschaltung der Staatsmacht gegen den Donatisten- und Circumcellionen-Terror
409	Kaiserliches Edikt gegen die Donatisten
410	Die Westgoten (Arianer) unter Alarich erobern und plündern Rom
411	Schriften gegen die Pelagianer
413–427	*De civitate Dei*
416	Synode zu Mileve: Unter Augustins Vorsitz werden die Pelagianer verurteilt
426	Läßt einen Nachfolger ins Bischofsamt wählen
426–427	*Retractationes*
429	Vorstoß der plündernden Vandalen unter König Geiserich bis nach Numidien
430	Vandalen belagern Hippo
	28. August: Augustinus stirbt in der belagerten Stadt. Seine Reliquien liegen seit dem 8. Jh. in der heutigen Dominikanerkirche zu Pavia.

Epochemachend: Augustinus

Aurelius Augustinus gehört mit seiner Lebensgeschichte wohl zu jenen Gestalten, in denen sich die Konversion der spätantiken Welt, ihrer Weltanschauung und ihres philosophischen Erbes zum Christentum am exemplarischsten vollzog. Die leidenschaftliche Suche nach der Wahrheit und die Kompromißlosigkeit, mit der er schon als junger Philosoph allen Dingen bis auf den Grund zu gehen suchte, hat Augustinus auch nach seiner Bekehrung nie aufgegeben, sondern sogar verstärkt und erweitert. In der Art, wie er die Botschaft des Evangeliums als letzte Wahrheit über Gott, Welt und Mensch sowohl in philosophischer, als auch in anthropologischer Hinsicht zu erweisen suchte, kann man ihn geradezu als – auch im heutigen Sinne des Wortes – existentiellen Denker bezeichnen. In ihm gingen klassische Bildung, profunde Kenntnis der Heiligen Schrift und der kirchlichen Überlieferung, sowie eine großartige Einfühlungsgabe in die Tiefen menschlicher Grundbefindlichkeit eine so glückliche und zugleich neuartige Synthese ein, daß Augustinus mit Recht als der Vater der abendländischen Geistigkeit und der wissenschaftlichen Theologie bezeichnet werden kann.
Die heidnisch-antike Geistigkeit in allen ihren Spielarten und Gestaltungsformen stand – wohl auch bedingt durch die platonische Ideenlehre – generell unter der Vorstellung des *Primates* (Vorranges) des Allgemeinen vor dem Individuellen und Besonderen. Dies hatte schon im griechischen Altertum zu der Entwicklung einer vernunftorientierten Philosophie und Ethik geführt, die in der ganzen mediterranen Welt weiterwirkte. Die römische Kultur schuf durch ihren enormen und pragmatischen Gestaltungswillen das auf allgemeinen Prinzipien basierende, römische Recht und eine ebenso strukturierte Verwaltung. Im praktischen Bereich entstanden durch die vernunftorientierte Überwindung des rein magischen Weltbildes die Grundlagen für große Leistungen in Technik, Architektur und Naturwissenschaft, in Astronomie und Mathematik.

Die antike Religion hatte diese Entwicklung aber nicht mitgemacht. Sie blieb auf der Ebene des amoralisch-anthropomorphen *Polytheismus* stecken. Niemals hat die antik-heidnische Kultur zudem eine reflektierte Vorstellung von Transzendenz entwickeln können. So entstanden unter dem Einfluß des Neuplatonismus in der Spätantike immer mehr esoterische Weisheitslehren, die den Polytheismus teilweise nur allegorisch umgedeutet beibehielten. Über allem schwebte ein Göttlich-Eines *(hen theion)*, das jenseits aller Unterschiede nur sich selbst kannte und keinen Bezug zum Irdischen und Menschlichen hatte. So ließ die spätantike Geistigkeit und Weisheitslehre auch keine personale Gottesbeziehung zu. Dies bewirkte einerseits eine Abdrift in *agnostischen Skeptizismus*, wie z. B. bei den sog. *„Akademikern"*, oder aber – vor allem bei der Mehrheit der Ungebildeten – eine Flucht in Aberglauben, Okkultismus und orientalische Götterkulte. So bot die spätantike Welt nur die Alternative zwischen dem Verbleib bei dem immer unglaubwürdiger erscheinenden Kult der amoralischen Götter, einem zynisch-agnostischen *Sophismus* oder der philosophischen Weisheitslehre über ein apersonales Göttliches, das selbst aber keine Kenntnis und keinen Bezug zum Menschlichen und seiner Welt hatte. Der mangelnde Gottesbezug, der fehlende Glaube an ein ewiges Leben und ein Jüngstes Gericht für jeden, ob nun Sklave oder Freier, Senator oder Kaiser, erweckte bei den spätantiken Menschen das Gefühl des Alleingelassenseins.

Zum ***Polytheismus*** u. a. antiken Geisteshaltungen siehe S. 18–60.

Zu ***Agnostizismus, Skeptizismus, „Akademie"*** und ***Sophismus*** siehe S. 44, 64.

Je bedrückender die außenpolitischen und innenpolitischen Probleme im zu Ende gehenden Römerreich wurden, desto weniger wußten die Menschen, wofür sie leben und sich anstrengen sollten. Leichtlebigkeit, Doppelmoral und dekadente Vergnügungssucht machten sich immer mehr breit. Das betraf auch die politische Führungsschicht: Sie begriff ihre Macht als absolute, fühlte sich als über dem Gesetz stehend und ließ das, was das Römische Reich einst groß gemacht hatte, das römische Recht und die römische Verwaltung, immer mehr in Willkür, Korruption und das Recht des Stärkeren abdriften.

So wurde immer deutlicher: Das *Imperium Romanum* konnte sich aus Eigenem nicht mehr reformieren. Korruption, Dekadenz, Amoralität und Willkür zerstörten das Reich von innen und schwächten die Kräfte für den Abwehrkampf gegen die in der Völkerwanderungszeit von außen einfallenden Barbaren. Viele setzten die Hoffnung nun auf einen neuen Glauben, eine neue Religion, die die verschiedenen Völker untereinander verbinden, neue Kräfte wecken, die zerstrittenen Parteien und Gruppierungen vereinen und die Identifikation mit dem Staat wiederherstellen würde. Aber der spätantike Pluralismus hatte auch auf das Christentum übergegriffen: Zahllose christliche Sekten und religiöse Gruppierungen standen gegeneinander und führten zu neuen inneren Konflikten: Marcioniten, Arianer und Donatisten bekämpften die auf dem Glaubensbekenntnis von Nizäa stehende Staatskirche. Religiöser Fundamentalismus führte immer wieder zu Terror und teilweise sogar anarchischen Zuständen, die die Kräfte des schwankenden Staates überforderten. Demgegenüber entstanden auch einige Mischformen von antiker Weisheitslehre und Christentum, wie z. B. die Gnosis, und der esoterische Synkretismus des Manichäismus, der den neuplatonischen Dualismus, das Judentum, das Christentum, den Buddhismus und die Gnosis zu vereinen suchte.
Die Kaiser Konstantin (324–337) und Theodosius (378–395) hatten zwar das Christentum zuerst legalisiert und bald darauf durch staatliche Gesetzgebung und Förderung zur Staatsreligion erhoben, aber mit äußeren Gesetzen und staatlichem Druck allein ließen sich weder die zerstrittenen Christen vereinen, noch die Unterschiede in grundsätzlichen Glaubensfragen aufheben. Dies vermochten nur eine reflektierte Theologie und eine langfristige Aufklärung sowie „Umerziehung" der noch halbheidnischen Menschen durch eine innere Mission. Die *Konzilien von Nizäa* (325) und *Konstantinopel* (381) setzten mit dem trinitarischen Glaubensbekenntnis den großen Anfang für eine spekulative Klärung der Grundfragen in der Gotteslehre, aber für eine spirituelle Umsetzung fehlten besonders im lateinischen Westen der Wille und die Kräfte. Der

griechisch geprägte, bevölkerungsreiche und schon länger christianisierte Osten des Reiches war dem lateinischen Westen nicht nur kulturell überlegen, sondern hatte auch schon früher zahlreiche große Theologen hervorgebracht: Didymus, Origenes, Clemens von Alexandrien, Hieronymus, Basilius den Großen, Gregor von Nazianz, Gregor von Nyssa und Eusebius von Caesarea. Der Westen hatte dem wenig entgegenzusetzen, von Cyprian, Tertullian, Hilarius von Poitiers, Irenäus von Lyon und Ambrosius von Mailand einmal abgesehen, die aber in Geist und Bildung teilweise vom alexandrinischen Neuplatonismus des Plotin, oder auch der Gnosis beeinflußt waren. Im griechischen Osten ging in der Spätantike geistig und spirituell die Sonne auf und leuchtete in den Westen hinüber. Dazu gehörte auch das eremitische Mönchtum des Antonius. Der lateinische Teil des Imperiums hatte hingegen noch keine eigenständige Theologie und Spiritualität hervorgebracht, und auch noch nicht das missionarische Mönchtum. Dies sollte das Werk des abendländischen Kirchenvaters Augustinus sein.
Augustinus hat im Laufe seines vielgestaltigen und turbulenten Lebens zu fast allen zeitgeschichtlichen Ideologien und Strömungen Zugang gehabt: Er selbst war ciceronisch-skeptischer Akademiker, Manichäer und Neuplatoniker gewesen. Als er Christ, Priester und am Ende Bischof geworden war, kämpfte er mit Arianern, Donatisten, Manichäern und Pelagianern. Sein theologisches Wirken war keine abgehobene, weltferne Spekulation, sondern intellektuelle Antwort auf die geistigen Probleme seiner Zeit: Richtiges Denken ist die Voraussetzung für richtiges Handeln. Denken und Erkennen ist aber nicht alles: Das existentielle Problem der Sünde ist – so hatte er es auf dem langen Wege seiner Bekehrung selber erfahren müssen –, daß wir das als wahr und richtig Erkannte auch nicht mehr richtig wollen und annehmen können, weil uns die Sünde bereits innerlich verändert und geprägt hat. Erlösung ist nicht nur belehrende Anleitung der Seele, wie die Gnostiker und die Anhänger des Pelagius meinten, sondern ihre innere Heilung. Gegen die Gnosis und den Pelagianismus wurde Augustinus deshalb zu einem strengen Verfechter des *absoluten Primates*

der Gnade: Am Anfang der Erlösung steht nicht der Wille des Menschen, sondern die gnadenhafte Erwählung des Menschen durch Gott.

Die innere Bekehrung und Heilung eines Menschen ist ein Weg, der in dieser Welt niemals ganz zum Ende kommt. Heiligkeit und Unheiligkeit, alter und neuer Mensch, Böses und Gutes, Gottverbundenheit und Selbstbezogenheit liegen deshalb immer zusammen: Ungetrennt und unvermischt in jedem Menschen, und auch in der Kirche als ganzer. Die Kirche ist deshalb ebenfalls keine Gegenwelt der Reinen und Heiligen gegenüber der Welt der Gottverlorenen und Sünder. Diese realistische Ekklesiologie vertrat Augustinus gegen den radikalen Fundamentalismus der Donatisten: Die sichtbare Kirche ist nicht zu trennen von der unsichtbaren Kirche der Heiligen: *Viele, die draußen scheinen, sind in Wahrheit drinnen, viele, die drinnen scheinen, sind in Wahrheit draußen.* Dieser Bruch zieht sich durch jeden einzelnen Menschen, wie auch durch die Kirche als ganze: Bis zum Ende der Zeiten ist die sichtbare Kirche eine Kirche der Heiligen und der Sünder. Die Kirche ist aber auch keine Funktion des Staates selbst, sie ist nicht identisch mit dem Staat und der Gesellschaft: Sie ist eine Gemeinschaft eigenen Rechts und eigener Wahrheit, die ihren Ursprung nicht im Wollen und Denken der Menschen, sondern im gnadenhaften Erlöserwillen und der Menschwerdung Gottes selber hat. So sind Staat und Kirche getrennte Wirklichkeiten, aber nicht auf die Weise vollkommener Autarkie und Unabhängigkeit. Denn derselbe Mensch als Person gehört ja beiden an. So braucht der Staat die Kirche, um in Moral und Gesetz, sozialer und wirtschaftlicher Ordnung menschlich und heil zu werden. Die Kirche braucht aber auch den Staat, um sich zu entwickeln, durch Mission und Verkündigung die Menschen zu bilden, und in Notfällen, wenn uneinsichtige und unbelehrbare Sektierer die Wahrheit des Glaubens gefährden und durch Aggressivität den sozialen Frieden bedrohen, sie mit staatlicher Gewalt in Schranken zu weisen.

Zur Kirchenlehre des Augustinus und seiner Unterscheidung zwischen sichtbarer und unsichtbarer Kirche vgl. WALTER SIMONIS, *Ecclesia visibilis et invisibilis*, 1970.

Aus dieser missionarischen Lehre von der Kirche entwickelte Augustinus auch eine neue Geschichtstheologie: Innerhalb der unerlösten Welt der Erde als *civitas terrena* (irdischer Staat), die auf sich gestellt zur Selbstzerstörung angelegt ist und sich selbst nicht heilen kann, hat Gott die *civitas dei* (Staat Gottes) gegründet, die die alte Welt der Gottverlorenheit wandeln und heiligen soll. Das Heilswerk Gottes zielt nicht auf eine Flucht *vor* der Welt, sondern eine Heiligung *der* Welt: Augustinus begründete hiermit den weltgestaltenden Apostolatscharakter der lateinisch-abendländischen Kirche. Sie ist dazu berufen, eine neue Welt zu erwecken. Augustinus versuchte eine lebendige Synthese zu entwickeln zwischen dem ambivalenten Weltbegriff des Johannes-Evangeliums einerseits, der in vielen fundamentalistischen Sekten zu einer völligen Entwertung oder gar Verteufelung der Welt zum unerlösbaren „Reich des Satans" geführt hatte, und dem Weltbegriff der ersten drei Evangelien andererseits, der die Welt immer noch als Gottes gute Schöpfung sah, die zwar durch die Sünde und Gottverlorenheit der Menschen vielfach geschädigt war, aber dennoch durch die Gnade Gottes als erlös- und vollendbar gelten konnte. Die *civitas terrena* ist charakterisiert durch *amor sui usque ad contemptum dei* (Selbstliebe bis hin zur Mißachtung Gottes), die *civitas dei* von der *amor dei usque ad contemptum sui* (Gottesliebe bis hin zur Mißachtung seiner selbst). Je mehr sich die verlorene *civitas terrena* von der *civitas dei* gestalten, prägen und heiligen läßt, desto mehr wird die alte, heillose Welt zu einer erlösten Welt, dem Reich Gottes auf Erden. Dies gilt für jeden einzelnen Menschen und analog auch für das Verhältnis von Staat und Kirche: Der Staat braucht die Kirche, um in Gesetz und Politik, Verwaltung, Rechtsprechung und Moral, Bildung und gesellschaftlichem Leben menschlich, gut und richtig zu werden. Augustinus war auch der Begründer der abendländischen Theologie als exakter Wissenschaft: Nach Augustinus ist die Theologie keine voraussetzungslose Wissenschaft, sondern ein von vernünftiger Verstandesüberlegung getragenes Verständ-

De civitate Dei gehört zu den bedeutendsten Werken von Augustinus (ausführlicher zum Inhalt vgl. S. 146–156). Es gibt mehrere deutsche Übersetzungen. Zu den Ausgaben der Werke siehe „Lesetips und Kurztitel", S. 173 f.

„Ich bin nun einmal ein Mensch, der in seinem Verlangen ungeduldig ist, das Wahre nicht nur zu glauben, sondern zum Verstehen zu gelangen" schrieb er gegen die Akademiker (De Academicis III 20; 43. Augustins erste erhaltene Schrift entstand im November 386).

nis von Gott, Welt, Geschichte und Mensch unter der Voraussetzung der göttlichen Offenbarung. Für Augustinus war es unvorstellbar, daß es einen absoluten Widerspruch zwischen natürlicher Vernunft und Glaube geben kann. Was unvernünftig und absolut widersprüchlich ist, kann gar nicht wirklich geglaubt werden. Natürlich war sich Augustinus des unendlichen Abstandes zwischen dem unendlichen Gott und der endlichen Welt immer ganz bewußt. Alle unsere Begriffe und Ideen, mit denen wir über Gott reden, sind ja der endlichen Welt und den Dingen entnommen. Aber auch Jesus hatte sich, um transzendente Wahrheit zu vermitteln, oft des Gleichnisses bedient. Augustinus entwickelte hier den Gedanken der *Analogie* (Entsprechung) als Möglichkeit vernünftiger Rede über eine Wahrheit, die alles Erkennen übersteigt. „Alle Vergleiche hinken": Alle Rede über Gott erreicht deshalb immer nur eine *similitudo dissimilis* (Ähnlichkeit in der Unähnlichkeit; vgl. Epistulae 169, 6; De Trinitate I 1; V 8; VII 5f.9). Dieser Terminus wurde noch Jahrhunderte später in der Analogielehre des Vierten Laterankonzils verwendet: *Inter creatorem et creaturam non potest similitudo notari, quin inter eos major sit dissimilitudo notanda* (zwischen Schöpfer und Geschöpf kann man keine so große Ähnlichkeit feststellen, daß zwischen ihnen keine noch größere Unähnlichkeit festzustellen wäre).

Heinrich Denzinger: *Kompendium der Glaubensbekenntnisse und kirchlichen Lehrentscheidungen.* Verb., erw., ins Dte. übertr. u. unter Mitarbeit v. Helmut Hoping hrsg. v. Peter Hünermann, 37. Aufl. 1991, Nr. 806.

Aufgabe und Ziel der Theologie ist also nicht nur eine *demonstratio fidei* als bloßer richtiger Darstellung und Beschreibung des Geglaubten, sondern eine intellektuelle Rechenschaftsgabe, ein *reddere rationem,* eine *probatio fidei* (Erweis der Wahrheit des Geglaubten), die der menschlichen Vernunft Wege zum Verständnis und der Glaubwürdigkeit des Geglaubten erschließen kann. Damit ist keine Reduktion des Glaubens auf bloße Vernunftwahrheiten gemeint. Theologie ist nicht voraussetzungslos. Sie setzt bei der bereits ergangenen Offenbarung an und versucht dann ihre intellektuelle Durchdringung und Rechtfertigung. Die Verstandesüberlegung stellt dabei keinen separaten Bereich dar, in dem man schaut, was sich von dem, was man glaubt, auch rational-spekulativ beweisen läßt, sondern macht jenen Bereich der inneren und äußeren Rechenschaftsgabe aus, der ein genuiner Bestandteil des gelebten Glaubens selber ist. Die Wahrheiten des Glaubens müssen nicht rein rational beweisbar sein, um geglaubt werden zu können (dann wäre Glaube kein Glaube mehr, sondern nur ein Wissen). Aber die Theologie muß aufzeigen können, was die Inhalte des Geglaubten von bloßer irrationaler Behauptung unterscheidet. Ansonsten wäre das Christentum nur eine Ansammlung von bloßen Sätzen, die unter Preisgabe der Vernunft einfach – *fideistisch* (vgl. Randnote S. 63) – angenommen werden müssen. Dies würde nicht nur der Würde des Menschen widersprechen, sondern aus dem Glauben etwas Irrationales machen. Es entstünde ein bloßes *credo quia absurdum* (Ich muß es glauben, weil es ja absurd ist), das keine Rechtfertigung oder Diskussion zuließe.

In alle weiteren Jahrhunderte prägender Meisterschaft hat Augustinus dieses Modell in seinem Werk *De Trinitate* über den dreifaltigen Gott umgesetzt. Die Konzilien von Nizäa und Konstantinopel hatten den Glauben an den trinitarischen Gott, sowie die Gottgleichheit und Gleich-Ewigkeit von Vater, Sohn und Geist im Sinne einer reflektierten *demonstratio fidei* als allein richtige Deutung der Offenbarung und der Heilsgeschichte definiert. Wenn Jesus Christus nicht wahrer Mensch und wahrer Gott zugleich ist, eines Wesens mit dem Vater, dann kann auch die Erlösung der Welt nicht aufrechterhalten werden: Nur der Schöpfer selbst kann auch der Erlöser sein.

Zur Lehre Augustins über die Dreifaltigkeit und seinem gleichnamigen Werk *De Trinitate* vgl. S. 138–145.

Die Wirkungsgeschichte des Kirchenvaters wäre ohne die Rezeption seiner Gnadenlehre (siehe S. 157–169) jedoch ebenso unvollständig wie ohne die Folgen seiner Lehre von der Anwendung der Gewalt (siehe S. 54–60) und des Krieges:

Diese Theorie entwickelte Augustinus in *De civitate Dei* (besonders IV 15; V 21–26; XII 22; XIX 7; XXI 15). Unter dem Begriff „gerechter Krieg“ *(bellum iustum)* und zu obrigkeitlichem Terror wurde sie oft mißbraucht. Denn ihre Intention und ihr

Wert lagen eben nicht in der göttlichen Legitimation von Krieg und Unterdrückung, sondern in der Reduzierung staatlicher Gewalt auf Notfälle und letztlich positive Ziele. Nur wenn Aggressoren Kirche, Gesellschaft und öffentliche Ordnung bedrohen, nur wenn alle anderen Mittel gescheitert sind, nur wenn das Ziel die Wiederherstellung von Friede und Gerechtigkeit ist, dann sind als allerletztes Mittel und der Verhältnismäßigkeit entsprechend staatliche Repression und Kriegshandlungen erlaubt. Wurzel der Bedrohung kann religiöser Fanatismus sein, das hat Augustinus selbst erleben müssen. So lehrt er im *Gottesstaat* XIX 7: „Der Weise wird nur gerechte Kriege führen. Als ob er nicht, wenn er menschlich fühlt, noch viel mehr über die Notwendigkeit gerechter Kriege trauern müßte! Denn wären sie nicht gerecht, dürfte er sie nicht führen, gäbe es also für den Weisen keine Kriege. Nur die Ungerechtigkeit der gegnerischen Seite zwingt ja den Weisen zu gerechter Kriegsführung."
Augustinus unterscheidet auch den im fünften Gebot untersagten Mord vom Handwerk der Soldaten und auch des Henkers. Wirkungsgeschichtlich wurden einige Thesen des hl. Augustinus aber oft so interpretiert, daß der Staat ein allgemeines Recht auf Krieg hätte. Zudem wurden Tötungen und Menschenrechtsverletzungen gebilligt und als moralisch vertretbar angesehen, wenn sie auf ausdrücklichen Befehl der Vorgesetzten nach einer offiziellen Kriegserklärung erfolgten. In Deutschland führte dies bis zum Ersten und Zweiten Weltkrieg zum sog. „Kadavergehorsam" als soldatischem Ideal und zu extremen Verletzungen der Menschenwürde, ohne daß die Soldaten dabei ein großes Schuldbewußtsein entwickelten. Als höchster Wert galt der Befehlsgehorsam. Die Folgen dieses Denkens, das aber dem hl. Augustinus nicht zugeschrieben werden kann, waren die schlimmsten Verbrechen der Neuzeit. Erst in der „Genfer Konvention" wurde die Ideologie der absoluten Befehlsgewalt abgeschafft und das angebliche „allgemeine Recht" des Staates auf Krieg eingeschränkt und dem Völkerrecht unterstellt.

I. Die spätantike Geisteswelt

Die Götter Roms

Die Geistes- und Denkwelt des spätantiken Römerreichs kennzeichnete ein – allerdings nicht neuzeitlich zu verstehender – ausufernder Pluralismus. Der Kult der alten Götter wurde weitergeführt als *cultus publicus* (öffentlicher Kult), in prächtigen, vom Staat bezahlten und organisierten Feiern, Opfern und Kulthandlungen. Die Götter hatten Rom groß und siegreich gemacht, und deshalb galt die Verehrung der Götter als eine wesentliche, staatserhaltende Notwendigkeit. Sie nicht mehr zu verehren würde unausweichlich den Haß und die Wut der Götter erwecken. Sie würden sich gegen das Imperium wenden und es im Laufe der Zeit untergehen lassen. Die Einflüsse der beginnenden Völkerwanderungszeit hatten das Imperium schon mehrfach an den Rand des Zusammenbruchs gebracht. Zu Barbareneinfällen und zunehmenden Seuchen kamen auch innenpolitische Wirren: Rasch wechselnde Soldatenkaiser, ungebildete Emporkömmlinge, gierig, geltungssüchtig, maßlos und meist unfähig zu strukturierter, durchdachter und planvoller Amtsführung, ließen genau das erodieren, was das Imperium einst groß gemacht hatte: Organisationstalent, gut strukturierte Verwaltung und das unvergleichliche, exakte Rechtssystem. Moralischer Verfall, Willkür und Berechnung, von den Mächtigen vorgelebt, griffen immer mehr auf die römische Bevölkerung über.

Gut verständlich zu spätantiker Geisteswelt, Kultur, Religion und Weltbild: Moses Hadas, *Römisches Reich. Das lateinische Jahrtausend,* 1972 (Kurztitel = **Hadas**); zur spätantiken Kaiserzeit: Ivar Lissner, *So lebten die römischen Kaiser. Macht und Wahn der Cäsaren,* 1969.

Die Römer waren, in tendenziellem Gegensatz zu den intellektuell-theoretisch reflektierenden Griechen, ein eher praktisch-weltgestaltendes Volk: Praktische Intelligenz, gerade im Rechtssystem, in der Verwaltung, in Architektur und Technik waren die Stärken der römischen Kultur. In geistesgeschichtlicher Hinsicht haben die Römer jedoch kaum eigene, größere Ideen entwickelt: In Religion, Staatstheorie, Kunst und Architektur wurden keine neuen, eigenen Modelle hervorgebracht, sondern eher die Vorgaben anderer Völker und

Kulturen übernommen, für die Praxis weiterentwickelt und perfektioniert.
Verglichen mit anderen Kulturen und Religionen waren die Römer weitgehend tolerant. Den Göttern unterworfenener Völker wurden in Rom meist bald Tempel und Verehrungsstätten errichtet und auch deren Kult staatlich gesichert. Das diente dem Erhalt des Imperium Romanum und sollte die unterworfenen Völker für die Reichsidee begeistern. Man tolerierte auch lange *monolatrische* (nur einen Gott verehrende) Völker und Gruppierungen, wie z. B. das Judentum. Daß ein Volk oder eine Gruppe nur einen Gott verehrt, war für die Römer kein Problem, solange diese Religionsgemeinschaft die Existenz anderer Götter nicht bestritt und auch nicht andere Völker zum Abbruch ihrer Verehrung aufrief. Die traditionellen Gruppen des Judentums, wie z. B. die jüdischen Sadduzäer, die meist der gesellschaftlichen Oberschicht angehörten und im Synedrion, dem Hohen Rat, die Mehrheit besaßen, kollaborierten deshalb weitgehend mit der römischen Verwaltung, um den Status quo, den Tempel und den dort stattfindenden Opferkult, zu sichern. Lediglich radikalen Gruppierungen, wie den Zeloten und einigen radikalen Pharisäern, standen die Römer repressiv gegenüber.

Christliche Staatsfeinde

Die Theologie und Frömmigkeit der Christen jedoch erschienen den Römern staatsgefährdend. Der radikale Monotheismus der Christen erklärte nämlich die anderen Götter für inexistent, für *anthropomorphe* (menschenähnliche) Erfindungen, und verbot deshalb nicht nur deren Verehrung, sondern erklärte jede Teilnahme an Götterkulten überhaupt für schädlich. Es gibt nur einen Gott, die Götter der Heiden sind nichtig, Machwerke von Menschenhand (vgl. Jes 41,21; Ps 115; Bar 6,7–72). Natürlich hatte auch das Judentum, wie viele alttestamentliche Zitate zeigen, immer mehr diese These vertreten, aber die jüdische Religion blieb doch die Religion einer einzelnen Volksgruppe, von einigen Proselyten, die aber von traditionellen Juden abgelehnt wurden, abgesehen. Dadurch wurde de facto das monolatrische Grundsystem nach außen kaum gefährdet. Aus machtpolitischen Gründen blieb die Duldung des Judentums erhalten, solange die politischen Verhältnisse eine Integration Palästinas in das Reich möglich machten. Die Christen hatten jedoch jede Bindung der Religion an ein Volk aufgegeben und missionierten unter allen Völkern des Imperiums. Überzeugte Christen verweigerten den Caesarenkult, die Teilnahme an heidnischen Opferriten und kündigten deshalb, wenn sie vorher Soldaten waren, den Militärdienst. Da das Imperium in den Augen der traditionellen Heiden von der Gunst der Götter abhing, galten die Christen als staatsgefährdend und wurden erbittert verfolgt. Die Pogrome und Ausrottungsfeldzüge zogen sich von Kaiser Nero (54–68) bis Kaiser Julianus Apostata (360–363) durch die Geschichte hin.

Verleumderische Lehren über das Christentum und die Riten der Christen, ja mehr noch deren Bereitschaft, ihr Leben für ihren Glauben hinzugeben und in Folter und drohendem Martyrium standhaft zu bleiben, irritierten die Römer und erweckten oft den Eindruck, es mit einer von bösen Mächten gestärkten Gruppierung zu tun zu haben, deren Ziel es sei, das Imperium zu zerstören. Da der Einfall der Barbarenvölker, die Ausbreitung von immer mehr Seuchen und der innere Verfall des Reiches zeitlich parallel liefen mit der Ausbreitung des Christentums innerhalb des Imperiums, sahen viele abergläubische Heiden unter den Römern den inneren Grund für den Niedergang des Reiches in dem von den Christen gepredigten, schnöden Abfall von der Verehrung jener Götter, die das Imperium einst groß gemacht hatten, und unterstellten den Christen teilweise sogar reichsfeindlichen Schadzauber und perverse, gotteslästerliche Geheimriten.

Vgl. u. a. Irenäus von Lyon (ca. 150–202), *Adversus haereses*; Clemens von Alexandrien (150–215).

Schon früh haben sich die Christen gegen solche Verleumdungen gewehrt und die wahren Inhalte ihres Glaubens zu erklären versucht. Ihre Ungefährlichkeit und Staatstreue versuchten sie durch korrekte Steuerzahlung und lauteren Gesetzesgehorsam zu dokumentieren. Aber die Vorurteile und Wahnvorstellungen blieben stärker. In den Augen vieler Heiden galten die Christen als verlogene, doppelzüngige Plebejer, als Wölfe im Schafspelz. Sie zu beseitigen galt für viele Kaiser und ihre Untergebenen deshalb als ein notwendiger Rettungsversuch des Imperiums mit allen Mitteln, zu dem sie sich verpflichtet sahen. So erklären sich auch der enorme Aufwand und der verbissene Einsatz aller Kräfte, welche bis Kaiser Diokletian (284–305) gegen die Christen aufgewendet wurden, obwohl das Imperium zur gleichen Zeit an den Grenzen wegen der Barbareneinfälle der Völkerwanderungszeit um seine Existenz rang. Die Vernichtung des inneren Feindes und die Wiederherstellung des segensbringenden Götterkultes galten als Voraussetzung für einen Sieg gegen die äußeren Feinde. Natürlich wurde von klügeren Geistern, zu denen auch Diokletian gehörte, die allgemeine Dekadenz der Römer als wahrer Grund für die Schwäche des Imperiums erkannt und auf Reformen hingewirkt. Das diokletianische Tetrarchiesystem mit seinem gigantischen Beamtenapparat führte jedoch zu so massiven Steuererhöhungen, daß sich die Einwohner des Reiches mit dem Staat immer weniger identifizieren wollten. Die magisch-numinose Erklärung für den Niedergang erwies sich als stärker, auch bei Diokletian selber, so daß gerade er enorme Mittel für die Verfolgung der Christen einsetzte. Die weiterschreitende Dämonisierung der Christen wurde auch als Rechtfertigung für die Steigerung der Steuern und des Überwachungsstaates eingesetzt. Das Image des Christentums blieb schlecht; es galt als primitiv, ohne reflexive Tiefe, mit dem Niedrigen des Menschen im Bunde. Gerüchte zirkulierten, die Christen würden in geheimen Feiern Menschenfleisch essen und Menschenblut trinken, wozu die Terminologie der Eucharistiefeier, absichtlich mißdeutet, bei Unwissenden vordergründig Anlaß gab. Die Mehrheit der Christen bestand zudem aus Menschen der Unterschicht, aus Sklaven oder ehemaligen Sklaven. Die gebildeten Christen blieben eine Minderheit, weil eine innere Auseinandersetzung mit dem Christentum allgemein nicht als standesgemäß erschien.

All diese inneren und äußeren Bedingungen gehören ganz wesentlich zu Aurelius Augustinus als Mensch seiner Zeit, zu seinem Lebenslauf, seinem Werdegang und Selbstverständnis, und zu seinem theologischen und pastoralen Wirken. Sein Werk ist nicht zu verstehen ohne einen Einblick in die wichtigen geistesgeschichtlichen Strömungen seiner Epoche.

Der traditionelle Polytheismus

Die traditionelle Religion, die die Römer bis zur Kaiserzeit entwickelt hatten, war kein kongruentes System, sondern ein polymorphes Gebilde, das die Römer ständig weiterentwickelten, erweiterten und veränderten. Jede neue Kultur, der die Römer als Eroberer oder Kaufleute begegneten, scheint die römische Götterwelt verändert und bereichert zu haben. Die wesentlichen Elemente dieser Entwicklung waren der magische Animismus der Frühzeit, die Stammesreligion der Etrusker, die griechische Götterwelt, der Epikuräismus und Stoizismus sowie in der Kaiserzeit die orientalischen Götterkulte. Erhalten blieb bei all diesen Erweiterungen und Veränderungen als Strukturprinzip stets die pragmatisch-prosaische Nüchternheit der Römer: Religion war keine Sache spiritueller Innerlichkeit, sondern eine äußere Angelegenheit der Gemeinschaft, dem Formellen und Rituellen verhaftet.
Seine Wurzeln hatte der Pragmatismus der Römer im *Animismus* (Beseeltheit der Natur) der Frühzeit mit seiner *dualistischen Ontologie* (Seinslehre mit zwei voneinander unabhängigen, ursprünglichen Prinzipien), nach der es ein gutes und ein böses Seinsprinzip gibt, die beide gleichgestellt hinter allem Dasein stehen und in ihm gegenläufig wirken. Neben der sichtbaren Welt gibt es die unsichtbare Welt der Geister (oder *numina*). Unsterblich beseelten sie alle Dinge: die Pflanzen und Tiere, die Gärten und den Wald, die Berge und die Meere. Wie die späteren Götter interessierten sie sich nicht besonders für die Menschen, waren weder gut noch böse, sondern amoralisch. Sie konnten tun und bewirken, was sie wollten, ohne

Strafe, Gericht oder Tod fürchten zu müssen. Sie besaßen aber doch Emotionalität und waren deshalb beeinflußbar: durch Kult oder Opfer. Diese Grundansicht hielt sich bis in die Spätantike durch: Religion war ein Geschäft, ein *do ut des* (ich gebe, damit du gibst). Der Mensch schließt mit den Geistern einen Vertrag: Sie sollten etwas für ihn tun, und dafür tat er etwas für sie. So bestand die religiöse Praxis in der pünktlichen Erfüllung der versprochenen Gegenleistungen, damit die Geister dem Volk gewogen bleiben.

Von den Etruskern, deren Städte sie im Laufe der Zeit eroberten und besiedelten, übernahmen die Römer den Stammesreligion-Gedanken und die Durchführung großer, pompöser Prozessionen und Tempelkultfeiern, sowie die kultische Verwendung von Statuen und Bildern. Aus den *numina* wurden langsam anthropomorph gestaltete Götter.

Kennzeichnend für das magische Weltbild der Römer war die Vorstellung, daß auch alle unbelebten Dinge durch die in ihnen wirkenden *numina* eine gewisse Intentionalität besitzen, d. h. etwas andeuten und wollen können: Sie wirken nicht nach starren Naturgesetzen, sondern tun, was die *numina* wollen. Dafür gibt es aber leicht übersehbare, geheimnisvolle Indizien. Für ein gutes, glückbringendes und erfolgreiches Leben galt es also als wichtig, diese Zeichen zu erkennen und richtig zu deuten, was die Fähigkeit und Aufgabe der kenntnisreichen Priester und Zeichendeuter war. Die abergläubische Angst der Menschen ließ die Macht der priesterlichen Deuter bis hin zu indirekter Steuerung der Politik anwachsen.

Durch die Integration der etruskischen Kultur waren die Römer auch in Kontakt mit der griechischen Götterwelt gekommen. Sehr schnell wurden die unpersonalen *numina* mit den entsprechenden griechischen Göttergestalten identifiziert und bald völlig von ihnen überformt: Man übernahm deren inhaltliche Bestimmung und verband sie mit den Namen des eigenen *Pantheon*. So wurde aus Zeus Jupiter, aus Venus Aphrodite, aus Hera Juno, aus Hermes Merkur, aus Artemis Diana, aus Athene Minerva usw. „Den pragmatischen Römern bereitete diese tiefgreifende Verwandlung ihrer Gottheiten anscheinend keine Probleme. Ihre anfangs unpersönlichen Geisterwesen fügten sich mühelos in die hochgradig personalisierten Rollen eines anthropomorphen Götterhimmels, dessen Mitglieder menschliche Gestalt, menschliche Leidenschaften und menschliche Abenteuer hatten" (Hadas, S. 126).

Signifikant für die römische Religionskultur ist, daß sie nie ein wirkliches Transzendenz-Prinzip entwickelte: Die Götter waren als geistige Wesen zwar unsterblich und mächtig, aber sie gehörten doch als höhere Geisterwelt dem Kosmos an; dieser, nicht die Götter, galt als absolut. Die Götter galten als die geistigen Prinzipien der innerweltlich konkurrierenden Kräfte und konkurrierten auch untereinander; sie gierten nach Verehrung und Opfer und ließen dem, der sie verehrte, eventuell alles gelingen, auch unmoralische Pläne. Dem, den sie ablehnten, ließen sie alles mißlingen, auch das Gute. Sie spielten mit der Welt als dem Instrument ihrer Selbstdarstellung. Der Mensch hatte dieses Spiel mit ungleichen Karten zu spielen, die Götter mit Opfer und Ritus gewogen zu stimmen, und auf die Gunst der Götter zu setzen. Am Ende seines Lebens konnte er abtreten, ohne Hoffnung, aber auch ohne Angst.

Einerseits war die römische Religionskultur ein pluralistisches Gepränge, das vielerlei Riten und religiöse Praktiken anbot, denen sich der Mensch je nach Vorliebe und Herkunft relativ frei widmen konnte. Andererseits war der Mensch in den immer pompöseren Riten, vollzogen von einer esoterischen Priesterschaft, immer nur passiver Zuschauer. Die Verehrung des Kaisers und die rituelle Vergöttlichung verstorbener Kaiser ließen Religion und Staatskult in eins verschmelzen. Die amoralischen Götter verkörperten weder geistige Inhalte, noch moralische Orientierung. Sie boten auch keine Möglichkeit einer inneren Beziehung der Menschen zur Gottheit: Die Götter sind ja nicht gut und am Menschen um seiner selbst willen interessiert; es geht ihnen im spielerischen Umgang mit der sichtbaren Welt letztlich immer nur um sich selbst und ihre Selbstdarstellung. So schrieb schon Aristoteles: Man müsse die Götter fürchten und ihnen opfern, weil sie mächtig sind;

aber es wäre doch unsinnig, jemand würde sagen, er *liebe* Zeus!
So erzeugte der öffentliche Kult einen wachsenden *horror vacui,* ein Gefühl des Alleingelassenseins, der Sinnleere und des veräußerlichten Betrogenseins (vgl. S. 158). Man suchte nach geistigen Inhalten, nach Sinn und Moral, nach Spiritualität und einer gelebten Gottesbeziehung, welche die alten Götter nicht bieten konnten. Viele wandten sich den Seins- und Weltbildern der hellenistischen Philosophie mit ihren spirituellen Gehalten zu, während andere in den emotionalen Kulten orientalischer Religionen ihre Befriedigung fanden (vgl. Hadas, S. 130). Dazu gehörten der phönizische Tanit- und der phrygische Kybele-Kult, sowie die Verehrung der orientalischen Isis und des Mithras. Die Antike kannte auch eine unterschwellige Tendenz zur Monolatrie: Kaiser Aurelian (270–275) war fasziniert von der orientalischen Geisteswelt und verehrte den *Sol invictus* (vgl. Helios, Mithras) über allen Göttern. Er ließ sogar in Rom die Statue des *Iupiter Capitolinus* entfernen und provozierenderweise durch ein Denkmal des *Sol invictus* ersetzen.
Der Hingabe an fremde, emotionale Kulte stand gegenüber eine vernunftorientierte Abwendung von dem nur Fremdbestimmtheit und Manipulation bewirkenden, magischen und angstmachenden Kult-Polytheismus. Epikuräismus und Stoa entwickelten und vertraten eine Autarkmachung des Menschen durch ein nüchternes, rationales, von universaler Vernunft geordnetes System, das zu oft zu latenter Kultkritik und Kultbelächelung führte, entweder auf der Basis eines rein philosophischen Monotheismus, oder eines praktischen Atheismus.
Da vieles von diesen geistesgeschichtlichen Entwicklungen das Leben des hl. Augustinus, seiner Adressaten und seiner Gegner, wesentlich geprägt hat, sind sie in den folgenden Kapiteln vorzustellen. Ohne sie ist das Leben und Wirken des hl. Augustinus nicht zu verstehen.

Aurelian besiegte die Herrscherin von Palmyra (heutiges Syrien): Zenobia hatte eine expansive, Rom bedrohende Politik geführt. Sie erhob den *Sol invictus* zu ihrer Reichsgottheit. Da A., als alter syrischer Hoherpriester „Heliogabal", seinen Sieg ebenfalls dem *S. i.,* hier: einem lokalen Baal, dem *Sol invictus Elgabal,* zuschrieb, erhob er ihn zum *Sol Dominus Imperii.* Die „Geburt der Sonne" am 25.12. (der Sonnwende) wurde zum höchsten Feiertag erklärt und 354 Datum des Weihnachtsfestes (Christus = Licht der Welt).

Die Folgen Platos

Alfred North Whitehead (1861–1947) bezeichnete die abendländische Philosophie als „Fußnoten zu Platon". Falsch gedeutet hieße das, die Philosophen hätten Platos Ideen bloß weiterentwickelt. Positiv interpretiert heißt es, daß Platons Vorstellung von Philosophie als enthusiastischer Liebe zur Wahrheit nach dem Prinzip der Vernunft nach wie vor grundlegend ist. In einer Welt verschiedenster Götter, Religionen, Kulturen und Moralvorstellungen mit entgegengesetzten Ansichten und Geboten kam es immer mehr zu Orientierungslosigkeit und Verwirrung, welche Religion, welche Götter, welcher Kult und welche Moral nun eigentlich die richtigen seien. Die polymorphe Wirklichkeit mit ihren Widersprüchlichkeiten brachte zunächst einen oft zynischen *Sophismus* hervor, der in allem nur ein Gemenge positivistischer Gedankenspiele sah und die Frage nach der Wahrheit als unlösbar und damit sinnlos erklärte. Gewiß: Eine Religion, Kultur und Moral braucht es, aber hinter all dem stehen nur sachhafte, innerweltliche Prinzipien: Macht und Funktion.
Plato (427–347) und sein Lehrer Sokrates (469–399) stellten diesem bedrohten Wahrheitsdenken die Auffassung gegenüber: Hinter der polymorphen, sich ständig verändernden Welt, die gemeinhin als das Eigentliche angesehen wird, steht eine ontologisch primäre Welt von unveränderlichen *Ideen,* die die unveränderlichen, vernünftigen und wahren Gestaltprinzipien der sichtbaren Welt sind.
Damit wird die Vernunft als Erfasserin des unveränderlichen Sinns des Seins zum Kriterium, nach dem die Wahrheit jeglicher verschiedener, innerweltlicher Deutungen gemessen werden kann und muß. So entstehen eine vernunftgemäße Metaphysik und eine Ethik als objektive Ermessung der Wahrheit, der Ordnung und des Sinnes von Sein, nach der die Wahrheit einer Religion und die Richtigkeit der verschiedenen Moralen objektiv und rechtfertigbar bestimmt werden kann. Die unveränderliche Welt der ewigen Ideen und die veränderliche,

sich bewegende, sichtbare Welt verhalten sich zueinander, wie Plato in seinem bekannten *„Höhlengleichnis"* sagt, wie unveränderliche, feststehende Figuren, die ihren Schatten an eine Höhlenwand werfen: Die Schatten mögen sich vielleicht perspektivisch verändern und wandern, die Figur selbst bleibt unveränderlich. Am Schatten ist aber die Form der Figur perspektivisch verschieden ablesbar und deshalb objektiv erkennbar: nie ganz und vollkommen natürlich, sondern in zeitlich wandernder, aber immer reicherer Weise. So ist die unveränderliche Figur das bestimmende, ontologisch Primäre, der Schatten und die Dimension der Zeit ist das Sekundäre: Die Figur bestimmt den Schatten, nicht der Schatten die Figur. Die Figur könnte auch ohne den Schatten sein, der Schatten aber nicht ohne die Figur. Nur subjektiv, als Beziehung der Schatten untereinander, wirkt der Schatten als das Eigentliche. Die Schatten können zudem viele sein, die Figur aber bleibt nur eine. Philosophieren heißt nun, den Ablauf des Spieles zu erkennen. Im Betrachten eines wandernden Schattens entsteht – spontan oder langsam – auch die Erkenntnis der Form der unveränderlichen Figur, und so wächst die Einsicht in die unveränderliche Wahrheit des Seins, wächst die Erkenntnis des bleibenden Sinnes des Veränderlichen.

Wie ist Plato aber zu seiner Lehre von den *Ideen* gelangt? Nicht durch reine philosophische Spekulation, sondern durch die Erfahrung der politischen Wirren, der Ungerechtigkeit und der Korruption seiner Zeit. Als junger Aristokrat in Athen wurde er Politiker und mußte miterleben, wie sein Lehrer Sokrates, dem es bislang um nichts als um Tugend und Gerechtigkeit gegangen war, Opfer eines politischen Ränkespiels wurde, und man ihn hinrichtete (vgl. Weischedel, S. 45). Man sagt nun nicht: Diese Moral ist eben so, eine andere, wieder nur positivistisch gesetzte Moral ließe es vielleicht nicht zu; sondern man stellt unwillkürlich fest: Das ist ein Skandal, der dem Wesen der Gerechtigkeit widerspricht. Dieses Ideal ist innerweltlich zwar nie vollkommen verwirklicht, weder im Denken und Handeln

Eine anregende und kurze Darstellung bieten WILHELM WEISCHEDEL, *Die philosophische Hintertreppe. 34 große Philosophen in Alltag und Denken,* 17. Aufl. 1988 (Kurztitel = **Weischedel**), und ERNST VON ASTER, *Geschichte der Philosophie,* 1963 (Kurztitel = **Aster**).

noch im Urteilen des Menschen, aber es ist ein dem Menschen eingestiftetes Kriterium, nach der er die Richtigkeit einer konkreten Moral und seines Handelns bestimmen kann. Diese Idee der Gerechtigkeit kann im Grunde nicht aus weltlicher Erfahrung gelernt werden, weil sie ja als Ideal nie vollkommen verwirklicht ist. Es gibt also ein ursprüngliches Wissen im Menschen über das Wesen der Gerechtigkeit, das als ewige, unveränderliche Idee seiner Seele eingestiftet ist.

Dies gilt nun nicht nur für die Moral, sondern für alle Dinge und deren Erkenntnis: Sie sind zeithafte, endliche Verwirklichungen von ewigen, unveränderlichen Ideen, auf deren Verwirklichung im anderen ihrer selbst, in Zeit und Materie, alle Dinge ausgerichtet sind. Je mehr sie diese unveränderliche Ideen verwirklichen, desto mehr sind die Dinge sie selbst und mit sich selbst eins, je weniger, desto mehr sind sie mit sich selbst uneins, unzufrieden und verfallen selbstzerstörerischen Leidenschaften. Der Mensch „trägt in seiner Seele Urbilder all dieser rechten Weisen des Verhaltens. Und diese Urbilder sollen sein Handeln bestimmen" (Hadas, S. 45). Diese Arbeit ist *Philosophie:* „Liebhaben der Weisheit" als Hinfinden zum Urbild.

Der Mensch besitzt in sich Urbilder des Seienden, seines Wesens. Alle Dinge der sichtbaren Welt sind temporäre, endliche und wandelbare Verwirklichungen der ewigen Ideen. Es gibt in dieser Welt verschiedenste Bäume, kleine und große, schöne und häßliche, reich gewachsene und kümmerliche, beschädigte und unbeschädigte. Wieso können wir all das erkennen? Weil unserer Seele eine unveränderliche Idee eingestiftet ist, die Idee, das Ideal des Baumes. Je mehr ein Baum diese ewige Idee verwirklicht, desto mehr ist er Baum und kann auch als Baum erkannt werden.

Erkennen ist also *anamnetisch* (erinnernd): Wiedererkennen. Das eigentliche Seiende sind nicht die Dinge, sondern die Ideen. Und Philosophieren heißt, diesem *teleologischen* Streben aller Dinge zum Verwirklichen ihrer ewigen Ideen, ihrem Drang zur Vollkommenheit, geistig zu folgen, im Denken und Handeln diesem *telos* (Ziel) immer mehr identisch zu werden.

Philosophie ist „Eros zur Idee“ als schöpferische Antwort auf dieses immer schon in uns liegende Streben nach Vollkommenheit im Vertrauen, daß wir immer mehr sind, je mehr wir unserem Urbild und den Urbildern der Dinge in Denken, Urteilen und Tun entsprechen.
Diese Einsicht nennt man die *Platonische Ideenlehre:* „Das eigentliche Seiende sind nicht die Dinge, sondern jene Urbilder. Die Dinge werden ja, was sie sind, nur dadurch, daß sie an den Urbildern teilhaben; so sind die Urbilder, die Ideen, das Urwirkliche. Die (veränderlichen und materiellen) Dinge sind bloße Abbilder der Ideen und so von einem geringeren Grade an Wirklichkeit“ (Hadas, S. 46). Woher stammen diese Urbilder? Aus der Erfahrung zeitlichen Seins selber können sie nicht kommen, denn sie sind ja die Ermöglichung und Voraussetzung aller wesenhaften Erkenntnis. Die Ideen müssen also dem menschlichen Geist vor seiner zeitlich-materiellen Existenz eingestiftet worden sein: Diese Einsicht führt für Plato mit Notwendigkeit zur Annahme einer Präexistenz der Seele und von da aus zur Gewißheit der Unsterblichkeit. Im Dialog *Phaidros* beschreibt Plato bildlich, wie die Götter oberhalb des Himmelsgewölbes den unsterblichen Seelen die ewigen Ideen schauen lassen. Seit die Seele im Leiblich-Materiellen als dem ihr eigentlich Fremden und Begrenzenden gefangen ist, weiß sie von diesem Ereignis selber nichts mehr, aber sie erkennt die Dinge wiedererinnernd durch die ihr eingestifteten Ideen und besitzt eine existentielle Sehnsucht, zu diesem Ursprünglichen zurückzukehren. Materie, Körper, Zeit und Vergänglichkeit sind nicht das eigentliche ihrer selbst, sondern Ort einer Gefangenschaft in niedrigerem Sein, ungeistigen Begierden und Leidenschaften. Dieses Streben zurück zum Geistig-Ursprünglichen, aus dem er kommt, ist jedem Menschen eigen. Und wenn es erkannt und gelebt wird mit dem geistigen und willentlichen Bemühen, „sich aus der Gefangenheit in die sinnliche Begierde freizumachen und im Anschauen der Dinge schon in diesem irdischen Dasein zur Schau der Ideen selber zu gelangen“, entsteht die Philosophie als *Orthologie* (rechtes Denken) und *Orthopraxie* (rechtes Han-

deln), als Kraft zum richtigen Erkennen, Denken und Handeln, in dem der Mensch zu sich selber kommt (nach Hadas, S. 47 f.).

Plotins Neuplatonismus

Zum **Neuplatonismus** vgl. JOHANNES HIRSCHBERGER, *Geschichte der Philosophie I*, 1976, S. 301–312; zu **Plotin**: *Plotin. Ausgewählte Schriften*, hrsg. v. R. Harder, [9]1973.

Die Epoche des hl. Augustinus prägte der Platonismus vorwiegend in der Gestalt des sog. *Neuplatonismus,* wie er durch den hellenistischen Alexandriner Plotin (203–269) und seinen Schüler Porphyrios (233–300) entwickelt wurde. Porphyrios ordnete die Schriften seines Lehrers und gab sie als die *Enneaden* heraus, die weiteste Verbreitung fanden. Der Neuplatonismus ist keineswegs nur eine inhaltliche Weiterführung der Philosophie Platos, sondern auch eine ekstatisch-spirituelle Weisheitslehre auf dem Hintergrund einer dynamisch-dualistischen Ontologie. Porphyrios schreibt in seiner Biographie über seinen Lehrer Plotin, „er glich einem Manne, der sich schämt, im Leibe zu sein". In der Tat hatte sich im Neuplatonismus das Verständnis des Materiell-Leiblichen gewandelt: Während Plato und seine Schüler stets auf einen gediegenen, auf Schönheit und Ästhetik ausgelegten Lebensstil Wert gelegt hatten und sich durch Körperpflege und Sportlichkeit um eine schöne Leibesgestalt mühten, die bestmöglicher Ausdruck eines urbildlichen Ideals sein konnte, neigte Plotin zu einer rein negativen Deutung des Leiblich-Materiellen als etwas verachtenswert Niedrigem: Er sah in seiner Geburt nur das bedauerliche Ereignis der Einkerkerung der Seele in Zeit und Leiblichkeit und verweigerte daher nicht nur die Feier seines Geburtstags, sondern sogar jegliche Darstellung seiner Gestalt in Bildern. Den Tod deutete er als Befreiung der unsterblichen Seele und als etwas, auf das man sich freuen müsse. Darüber hinaus lehnte er jede Behandlung seiner Krankheiten und die Einnahme von Medikamenten ab, vernachlässigte Essen und Körperpflege, bekam eitrige Hände und Füße, und siechte bald immer mehr dahin, was am Ende

trotz seiner bleibenden geistigen Faszination zu wachsender Abwendung der etwas angeekelten Studenten führte.
Die Verachtung des Leiblichen hatte indirekt auch gewisse positive Wirkungen: Plotin ignorierte im Umgang mit Menschen äußerliche, gesellschaftliche Stellung und rein innerweltliche Macht, ließ sogar – sonst nicht üblich – Frauen zu seinen Vorlesungen zu. Die geistige Seele hat kein Geschlecht; was allein zählte, war die Lauterkeit des geistigen Seins, das Interesse und die Liebe zur Wahrheit. Daraus folgten andererseits – im Gegensatz zu Plato – auch eine Tendenz zur Abkehr vom Erdendasein, die Abwendung vom gesellschaftlichen und politischen Gestaltungswillen, und eine Hinwendung zum Ekstatischen, Okkulten und Magischen als Ausdruck der Freiheit der geistigen Seele. Philosophie betrachtete Plotin nicht mehr als Schlüssel zur richtigen Gestaltung der Welt und der Dinge, sondern als Weg zur Abwendung von der Welt, als Befreiung von der Fixierung auf ihre inneren Zwänge und Kräfte. Das Dasein der Welt ist „Verbannung und Fluch". Freiheit erwacht, wenn der Mensch die sichtbare Welt als das Uneigentliche, ontologisch Sekundäre und Niedrige begreift, in der er nie wirklich zu Hause sein kann und zum Überdruß an den irdischen Dingen gelangt.
Es wäre nicht zutreffend, dem Neuplatonismus eine Geisteshaltung misanthropen, diesseitsverdrossenen Jenseitsstarrens zuzuschreiben, denn dies setzte einen Gottesbegriff und ein Seinsverständnis voraus, die der spätantike Mensch noch nicht entwickelt hatte. Eine der großen Leistungen Plotins war die Entwicklung eines Transzendenzbegriffes, der sich aus einer rationalen Reflexion über seine ungegenständlichen, ekstatischen Erlebnisse bildete: Uns begegnet hier ein antiker Vorläufer der sog. *„Negativen Theologie"* des mittelalterlichen Meister Eckhart: Die Gottheit steht jenseits und über allen Kategorien des Endlichen und Kontingenten, sie ist das „in Wahrheit Unaussprechliche". Von ihr können wir nur sagen, was sie nicht ist, und nicht, was sie ist, denn alle unsere Begriffe sind dem Endlich-Irdischen und Zeitlichen entnommen. So ist die Gottheit *kein* Etwas, *un*endlich, *un*begrenzt, ohne Raum, oh-

ne Zeit, ohne Bewegung und Ruhe, ohne Ort, ohne Eigenschaften, ohne Bedürfnis, ohne Grenze, ja nicht einmal Geist. Alles Endliche, auch das Geistige, besitzt ja als Grundeigenschaft die Vielheit und Mannigfaltigkeit; das Gegenüber. Das einzige, was wir also positiv über die Gottheit sagen können, ist, daß sie das *hen* ist, d. h. das „reine Eine". Aber nicht *neben* anderer Vielheit, sondern *über* und *in* ihr. Was das *hen* ist, ist nicht mehr positiv beschreibbar, sondern nur negativ, im Sinne des „Nicht-wie-Welt-Seins".

Eine Beziehung zum Göttlichen ist möglich, aber nicht in Form eines endlichen Gegenübers, wie es der antike Polytheismus ohne spekulativem Transzendenzverständnis dachte. Das Göttliche ist *in* und *über* allem, ohne selber ein direkt faßbares Gegenüber zu sein. Deswegen lehnte Plotin den Begriff „Gott", oder „Götter" *(theos/theoi)* ab und sprach vom *theion,* vom *hen,* dem Göttlichen und All-Einen. Es bezieht sich auf seine ewigen, unveränderlichen und zeitlosen Ideen als seinen *Emanationen* („Herausflüssen"), und der Mensch kann mit ihm mittelbar in Beziehung treten, wenn er sich auf die ewigen Ideen als Gestaltprinzipien des Kosmos bezieht.

Wieso ist das ewig-all-eine *theion* als grenzenlose Fülle des Seins aber nicht in sich selber geblieben und konnte den Kosmos aus sich hervorbringen? Wohl nicht, weil es einen Mangel, oder ein irgendein Bedürfnis zu einem liebenden und liebbaren Gegenüber empfindet. Hier stoßen wir auf das Grundproblem der antiken Philosophie: den ontologischen Primat des Allgemeinen gegenüber dem Einzelnen und Besonderen, dem Primat des Seins und Wesens gegenüber dem Individuellen und Personalen. Der Mangel an einem reflektierten Personverständnis – als tragendem *subiectum omnis attributionis* (vgl. Randnote S. 144) – ließ die Person nicht als höchste Form von Sein erscheinen, sondern führte dazu, daß man Individualität selber schon als verendlichenden Mangel, als ersten, begrenzenden Abstieg von der Seinsfülle deutete. Götter mögen sich vielleicht auf einzelnes beziehen, aber nur, weil sie selbst schon vereinzelt (und damit nicht ursprünglich) sind und deshalb immer ein Gegenüber zum Leben und der Welt als Instrument ihrer Selbstdarstellung benötigen. Das *theion* ist aber das absolute *hen,* ganz mit sich selbst als der Fülle des Seins eins. Es ist vollkommenes, geistiges Sein jenseits aller Trennung und über aller Beziehung zum Einzelnen, Begrenzten und Wandelbar-Vergänglichen.

Der Kosmos entspringt nicht einem personalen Schöpferwillen, oder der personalen, göttlichen Liebe, sondern dem seinshaften *pleroma,* der überschäumenden Seinsfülle des *theion.* Hier stehen wir vor der neuplatonischen *Emanationslehre:* Plotin deutet die Existenz endlichen Seins als vier-gestuften, aber doch ewigen Hervorgang aus dem unendlichen *hen,* in dessen Verlauf die Vollkommenheit des Seins immer mehr abnimmt. Zuerst erblickt das *hen-theion* sich selbst und erkennt sich in seiner Fülle. So entsteht die unendliche Idee als geistige Selbsthabe. Dann kommt es zur Vereinzelung begrenzter Ideen, die Teil-Abbilder des göttlichen Wesens sind. So entsteht die erste Zweiheit: Der Bezug der unbegrenzten Idee zu den begrenzten Ideen seiner selbst. Betrachtet die unendliche Idee ihre begrenzten Ideen und bezieht sich darauf wieder, dann entstehen die *Weltseele* und die *Weltideen.* Dieser Prozeß immer weiter gehender Begrenzung führt am Ende zum Hervorgehen von Zeit, Veränderlichkeit und lebloser Materie als dem äußersten anderen des *hen-theion.* Im Gegensatz zum Manichäismus und der Gnosis mit ihrem ontologischen Gut-Böse-Dualismus sah Plotin in der Materie kein gegengöttliches, selbständiges Prinzip, sondern nur die äußerste Minderung von Sein, den äußersten Horizont des Hinabblickens des Hen. Die Materie ist deshalb auch nicht in sich böse, oder schlecht, sondern eben nur die schwächste und erbärmlichste Minderung von Sein. Je mehr sich die Materie aber von den Ideen gestalten, durchformen und prägen läßt, desto mehr strebt sie dem Höheren und Ewigen wieder zu. Je höher man in dieser Stufung gelangt, desto mehr nehmen Endlichkeit, Begrenztheit, Einzelheit, Veränderlichkeit und Individualität ab, und Allgemeinheit, Wesenheit und unindividuelle Einheit nehmen zu, bis hin zum *hen-theion* selber, dem unveränderlichen, ganz mit sich selbst Einen.

Diese Emanationslehre des Neuplatonismus darf nun nicht mit dem christlichen Gedanken einer Schöpfung verwechselt werden. Die Welt ist hier kein vernünftig-willentliches Werk mit relativer Eigengesetzlichkeit und relativer Autonomie, die *aus dem Nichts* geschaffen wurde, sondern Abbild der immer mehr absinkenden Entfaltung des Einen, von immer mehr Licht zu immer mehr Finsternis: Die Finsternis kann aber vom geistigen Sein, das noch Licht in sich hat und höheres Licht sieht, als Finsternis erkannt und gedeutet werden. So ist der Mensch ein Zwischenwesen: vernünftig und welterkennend mit den ewigen, geistigen Ideen einerseits, aber gefangen im Niedrigeren: der Leiblichkeit mit ihrer Veränderlichkeit, Zeitlichkeit, ihrem Tod und ihrer unrationalen Begierlichkeit andererseits. Begreift der Mensch dies, dann strebt und lebt er nach dem Höheren seiner selbst, ansonsten lebt er nach dem Niedrigeren seiner selbst und gerät in den Verfall seiner Seele. Weder vertritt der Plotinismus also ein Gott-Welt-Verhältnis in Form einer Transzendenz-Kontingenz/Immanenz-Beziehung (zwischen dem unendlichem, absoluten und dem endlichen, zeitlichen Sein), noch einen Pantheismus, der Gott und Welt identifiziert, sondern einen emanativen *Pan-Hen-Theismus.*
Im Menschen kommt dieser emanative Prozeß nun reflexiv zu sich selbst, und es entsteht eine Dynamik: Der Mensch kann nach unten blicken und dann entwertet er sich. Er kann aber auch nach oben blicken, angetrieben von jener Sehnsucht nach dem *hen,* die aus der Erinnerung an seine Herkunft wächst: „Da die Seele von Gott stammt, verlangt sie mit Notwendigkeit nach diesem" sagt Plotin (nach Weischedel, S. 75 f.). Wenn der Mensch dies reflexiv erkennt und willentlich das Streben nach dem Ewig-Einen annimmt, entsteht die Philosophie als rechtes Denken und Leben.
Bei Plato und seinen Schülern verwirklichte sich dieses Streben nach dem Höheren in der Liebe zum Schönen, Wahren und Guten sowie zu einer entsprechenden Welt- und Lebensgestaltung. Im Spätplatonismus Plotins dagegen gewinnt der emanative *Hylemorphismus* (Ontologie: Sachen und Stoffe sind aus Materie *[hylé]* und Form *[morphé])* einen dynamisch-

abwendenden Charakter: So wie die Welt aus dem Göttlichen hervorgeht, strebt sie auch zum Göttlichen zurück. Auf die Emanation folgt die Regression, ebenso in vier Stufen: (1) Abwendung von der Fixierung auf den Weltgenuß, Hinwendung zur Tugend und zur Weisheit, (2) Abwendung vom Sinnlichen und Triebhaften, Reinigung zur Hinkehr auf das Übersinnliche, (3) Aufstieg vom bloß seelischen Ich zum überindividuellen, geistigen Wesen als Schau der Ideen, (4) Überwindung aller Einzelheit, auf daß selbst das Wissen von sich selbst erlischt und man ekstatisch mit dem *hen,* der Gottheit, eins wird. In solchen proleptischen Ekstasen können wir „in das Unbetretbare der Seele" gelangen und mit der Gottheit wahrhaft eins werden. In dieser ungegenständlichen Erfahrung verschwindet der Unterschied zwischen ihm und uns, weil das *hen* das reine Eine, die Aufhebung aller Unterschiede ist.
Der Neuplatonismus Plotins hatte in der Spätantike eine große Faszinationskraft, was sich in der Vielzahl seiner Anhänger und seinem prägenden Einfluß auf die reflexive Selbstfindung des entstehenden Christentums ausdrückte. Vieles an den Lehren Plotins wirkt auf den ersten Blick mit den Gedanken des Christentums verwandt; es ist aber dennoch wesenhaft anders: Der Neuplatonismus steht unter dem Primat des Allgemeinen und des Wesens, das Christentum unter dem Primat des Personalen und der Liebe. Heil vollzieht sich bei Plotin in der Aufhebung aller Unterschiede, im Christentum in der interpersonalen Einheit *in* Verschiedenheit. In Leben und Werk des hl. Augustinus vollzog sich eine gegenseitige Hinfindung zum Höheren seiner selbst: Augustinus, zunächst Neuplatoniker und Manichäer, faszinierte der ekstatisch-dynamische Charakter des Plotinismus als aufgeklärter Vernunftreligion, er litt aber immer mehr unter der unpersonalen Gegenüberlosigkeit des plotinischen *hen-theion:* Diese Gottheit war kein Du der Liebe, mit dem man als Du kommunizieren konnte, und bei dem man sich als Du gemeint und geliebt fühlen durfte. Augustinus begründete durch seine Trinitäts-, und Gnadenlehre, durch seine dynamische Geschichtstheorie und Schöpfungslehre die christliche Theologie als Wissenschaft. Durch den Platonismus

fand das Christentum zu einer umfassenden Welt- und Seinsdeutung, und stieg zur reflektierten Theologie auf, durch das Christentum fand der Platonismus zur Erkenntnis des ontologischen Primats des Personalen als *subiectum ultimum omnis attributionis* (letzter Träger aller Zuschreibung, vgl. Randnote S. 144), den er selbst nie hatte entwickeln können.

Die ***Confessiones*** gibt es in vielen Übersetzungen. Eine Ausgabe mit der Übersetzung von Joseph Bernhart: AUGUSTINUS, *Bekenntnisse*, lat. u. dt., 1987.

In seinen *Confessiones* verfaßt Augustinus eine Vision, die seine direkte Orientierung an Plotins *Enneaden* und seiner dynamisch-ekstatischen Emanationslehre deutlich werden läßt, die aber genauso den Aufstieg des ekstatischen Neuplatonismus zum Primat der Person und zum Interpersonal-Existentiellen spürbar macht:

„Und es kam mir die Mahnung, zurückzukehren zu mir selbst, und ich ging … hinein in mein Innerstes … Ich trat ein und schaute mit dem Auge meiner Seele, so schwach es war, hoch über diesem Auge der Seele, hoch über meinem Geist das unwandelbare Licht, nicht dieses alltägliche, allem Fleisch sichtbare Licht …“ (Confessiones VII 10,16).

„Ich stieg stufenweise empor, von der Körperwelt zu der durch den Körper empfindenden Seele, und von da zu ihrem inneren Vermögen … abermals weiter zu der überlegenden Kraft der Vernunft … Da aber auch diese in mir sich als wandelbar erwies, erhob sie sich zur Erkenntnis ihrer selbst und führte den Gedanken weg von der Gewohnheit, indem sie sich dem widerspruchsvollen Trubel erträumter Bilder entzog, um herauszufinden, was für ein Licht es sei, von dem getroffen sie schlichtweg und bestimmt erklärt, das Unveränderliche sei dem Veränderlichen vorzuziehen, woher sie also das Unveränderliche kenne … Und so gelangte meine Denkkraft zu dem was ‚ist‘, in einem blitzenden Augenblick zitternder Schau … Aber des Blickes Schärfe vermochte ich nicht darauf zu heften, es prallte meine Schwachheit ab und kehrte zurück zu dem Gewohnten, und ich fühlte in mir nur ein Rückerinnern voller Liebe“ (Confessiones VII 17,23).

Augustinus konnte „mit seinen ‚Bekenntnissen‘ *(Confessiones)* ein Bild vom Reichtum des Psychischen gestalten, wie es bis heute vorbildlich geblieben ist“ (Artikel „Psychologie“ in: *Brockhaus Enzyklopädie,* Bd. 17, 19. Aufl. 1992).

Die Gnosis

Vgl. *Dokumente der Gnosis,* hrsg. v. Wolfgang Schultz, 2000.

Eine der wirkmächtigsten geistigen Bewegungen der heidnisch-synkretistischen Spätantike war die *Gnosis,* die während des zweiten und dritten Jahrhunderts vorwiegend im Ostteil des Römischen Reiches ihre Blütezeit hatte, aber noch bis in die postmoderne Gegenwart hinein weiterwirkt. Hinter ihr verbirgt sich keine einzelne Religion mit einer spezifischen Lehre; vielmehr entwickelte sich die Gnosis als Weisheitslehre innerhalb und mit verschiedenen Religionen, so z. B. im indischen Vedanta, der griechischen Orphik, der jüdischen Kabbala und später auch im islamischen Sufismus. Auch das neu entstehende Christentum geriet zwangsläufig unter den Einfluß der Gnosis. Gnostische Strömungen finden sich in Philosophie und Spiritualität vieler Autoren der Spätantike wieder, auch bei großen, rechtgläubigen Theologen wie Tertullian, Irenäus von Lyon, Hippolyt, Clemens von Alexandrien oder Epiphanios von Salamis. Im Prozeß der drohenden Unterwanderung der christlichen Kirche entstanden immer wieder gnostische Gegenkirchen, wie z. B. die Gemeinden des Marcion von Sinope *(Marcioniten).* Die intellektuelle Auseinandersetzung mit der Gnosis hat jedoch einen Prozeß einer antithetisch-spekulativen Selbstfindung ausgelöst, durch den das Christentum in seiner Gottes-, Seins-, Geschichts- und Weltdeutung erst reflexiv zu sich selber kam.

Hinter den verschiedenen Ausprägungsformen der Gnosis verbirgt sich ein gemeinsames Deutungsprinzip, das von den Grundcharakteristika der neuplatonischen Spätantike, nämlich der Überzeugung vom ontologischen Primat des Allgemeinen vor dem Individuellen und Konkreten, der Tendenz zum ontologischen Dualismus und der Neigung zum Esoterischen und Mysterienhaften geprägt ist. Die Gnosis ging davon aus, daß die glaubwürdigen Religionen eine gemeinsame Wahrheit haben, die in mysterienhaft-konkreten Bildern, Geschichten und Ereignissen indirekt zum Ausdruck kommen und deshalb deut-

bar sind. Diese höhere, nur einer der intellektuellen Abstraktion fähigen Elite zugänglichen Erkenntnis über die göttlichen Geheimnisse ist es, was dem Menschen das Heil erschließt *(Gnosis* von griech. *gignoskein* = Erkennen, Wissen; also: *Heil durch Erkenntnis):* Wenn das Christentum also von Schöpfung, Erlösung, Menschwerdung des Göttlichen, Sünde, Erbsünde oder Gnade spreche, dann stehe hinter allem Allegorisch-Konkreten ein abstraktes Prinzip, dessen Erkenntnis den Zugang zum Heil erschließt. So entwickelte die Gnosis eine „Überwindung" der bloß mythisch-symbolischen Religion hin zu einer philosophisch-intellektuellen Weisheitslehre als dem übergeordneten, heuristischen Prinzip, durch das der Sinn des Mythischen erschlossen werden sollte.
Die Gottheit begriff die Gnosis in Folge des Neuplatonismus als absolut transzendentes, unerkennbares *theion,* das keine Beziehung zum Endlichen und Zeitlichen haben kann und in der Fülle *(pleroma)* seiner unendlichen Selbsthabe rein akosmisch residiert. Die Schöpfung muß also emanativ gedeutet werden: Als abfallender Hervorgang zunächst einer *sophia* (Weisheit) als erster *Hypostase* (göttlicher Person), die an der vollkommenen Erkenntnis des Göttlichen scheitert. So entstehen in einem weiteren Abfall begrenzte, ewige Ideen; zuerst der *Demiurg* (Weltschöpfer) und seine kleineren Helfer, die *Archonten.* Der pleromatische Funke gelangt auch noch weiter hinunter bis zum Menschen, der deshalb noch einen unsterblichen, geistigen Wesenskern besitzt. Hinsichtlich seiner Leiblichkeit, der Sexualität und des Zwanges der astrologischen Gesetze unterliegt er aber schon der knechtenden Kraft der niedrigen Weltmächte, die ihn in die Selbstvergessenheit und in ein Leben nach dem Niedrigen und Bösen hineintreiben. Auf sich selbst gestellt, müßte dieser Prozeß im völligen Abstieg zum Selbstverlust führen, weil der Mensch der Erkenntnis seines wahren Selbst verlustig gegangen ist.
Das Erlösungsgeschehen deutet die „christliche Gnosis" wieder nach einem Abstieg-Aufstieg-Schema, in dem sich eine Geistkraft als Selbst des *pleroma* des menschlichen Selbst an sich selbst erinnert und deshalb in der Welt in einem *„Schein-*

leib" (eine wirkliche Menschwerdung ist dem Göttlichen unmöglich) auftritt, auf Erden wandelt und den irdisch-selbstvergessenen Menschen an sein wahres, ewig-unsterbliches Selbst erinnert. Dadurch soll der Mensch wieder zur Erkenntnis des Höheren gelangen und in der Nachfolge nach den Gesetzen dieses Geistig-Höheren leben. So eröffnet sich dem Menschen wieder der umgekehrte Weg nach oben, der am Ende zur Einswerdung mit dem Göttlichen führt. So entstand in vielen gnostischen Gruppierungen eine Übersteigerung des Jungfräulichkeits-Ideals und eine radikal aszetische Ablehnung der Sexualität, der Ehe und der Fortpflanzung (vgl. Aster, S. 121 f.), wie auch bei den christlich-gnostischen *Marcioniten*.

Die Gnosis glaubte mit ihrer spekulativ-abstrakten Deutung ein Konzept gefunden zu haben, mit dem der innere, heilbringende Sinn der konkreten Heilsgeschichte fruchtbar gedeutet werden konnte. Dieses übergeordnete Prinzip war jedoch nicht dem Heilsgeschehen selber entnommen, sondern entsprang dem Gut-Böse-Dualismus des spätantiken Vulgärplatonismus, war also fremdbestimmt. Dieser Dualismus wurde als Suchprinzip in das Gottes-, Schöpfungs- und Erlösungsverständnis übertragen: Schroff stellte die Gnosis dem akosmischen Gott als Urgrund des Guten, Wahren und Lichten den nicht ursprünglichen, gottfeindlichen Demiurgen als Schöpfergott gegenüber. Bei den *Marcioniten* wurde der Demiurg mit dem „bloß strafend-gerechten Schöpfer- und Gesetzesgott des Alten Testamentes" gleichgesetzt (und abgelehnt), der „Gott Jesu und des Neuen Testamentes" hingegen mit dem Gott der Gnade, der Liebe und der Erlösung, der aber nicht der Schöpfergott ist.

Dieser Dualismus zwischen einem guten und einem bösen Gott führte zu einem emanativ-dualistischen Schöpfungsverständnis: Im Kosmos konkurrieren die Kräfte des Geistigen, Lichten und Wahren mit den niederen Kräften des Leiblichen, Finsteren und Vernunftlosen. Der emanative Hervorgang des Kosmos aus dem Göttlichen führt also selber schon zu einem kosmischen Dualismus zwischen dem Guten und Wahren und dem Begrenzten und Bösen. Diese Substantiierung des Bösen zu einem dem Guten gegenüberstehenden Prinzip bewirkt in der Gnosis auch die charakteristische Verschiebung der Sünde und der Erbsünde in das Kosmische: Sünde ist keine existentiell-menschliche Entscheidung gegen das Wahre und Gute einer guten Schöpfung, durch die der Mensch sich selbst und die Welt in ihrer Gutheit beschädigt und entfremdet, sondern Folge des kosmischen Konfliktes zwischen Licht und Finsternis, der sich im Menschen abspielt, weil er zwei Welten, der geistig-guten und der materiell-bösen, angehört. Der Ursprung des Bösen liegt nicht in ihm selber, sondern in der dynamischen Antithese, die dem Kosmos durch die Dualität des substantiell Guten und Bösen wesenhaft eigen ist. „Nicht mehr der einzelne Mensch verzweifelt im Gefühl seiner Sünde und der Unfähigkeit, sich aus eigener Kraft von dieser selbstverschuldeten Last zu befreien … sondern die Erlösung wird eine Hilfe, die ihm Gott im Kampf gegen das substantiierte ‚Böse' zuteil werden läßt. Im einzelnen Menschen spielt sich ein Kampf ab, der das Abbild eines ewigen oder außerzeitlichen Kampfes zwischen Licht und Finsternis darstellt, der Mensch selbst wird die Walstatt, auf der kosmische Gewalten, Welt und Überwelt, miteinander ringen" (Aster, S. 121 f.).

Das Böse und die Sünde haben gnostisch nicht den Ursprung im Menschen und seiner Freiheit, sondern im dualistisch-antithetischen Wesen des Kosmos selbst. Erlösung ist damit auch keine Erlösung *der Welt* von der Schuld, sondern eher eine Erlösung *von der Welt.*

Die philosophische Weisheitslehre der Gnosis, obwohl dem Christentum nicht entnommen, sondern als hermeneutisches Prinzip *heteronom* (fremder Gesetzlichkeit) darübergesetzt, übte in der spätantiken Welt lange eine große Faszination aus. Die Gnosis schien das Problem des *malum,* des Übels und des Bösen, wie es sich u. a. in der *Theodizee-Frage* zuspitzt, zu lösen und die bloße *pistis* (Glaube) zur *gnosis* zu befördern. Daß dies der Offenbarungswahrheit nicht entsprach, zeigte die *spekulative Theologie,* u. a. Augustins, die durch die intellektuelle Durchdringung der *pistis* zur *doctrina* (Lehre) gelangte.

Der Manichäismus

Fast ein Jahrzehnt war Augustinus *Manichäer*. Die Lehre des Babyloniers Mani (216–276) war eine der anhängerreichsten geistigen Bewegungen der Spätantike. Die Manichäer breiteten sich ausgehend vom neupersischen Sassanidenreich nach Osten über Indien, das buddhistische Asien, bis nach China hin aus; im Westen gelangten sie durch das gesamte Imperium bis nach Britannien. Der Manichäismus, basierend auf den Visionen seines Gründers, beanspruchte, Offenbarungsreligion und rationale Weisheitslehre zugleich zu sein. Er bot religiöse Erkenntnis, Geschichtsphilosophie und Weltdeutung zugleich an, ohne eine innere Bindung oder Unterwerfung an eine Autorität zu verlangen. Für den spätantiken Menschen verlockend war nicht nur die Verheißung, als Manichäer hohe sittliche Ideale mit bequemster Lebensweise zu vereinen, sondern auch eine Lehre zu besitzen, die wie eine antik-synkretistische Anthroposophie alle bekannten Religionen und vor allem deren große religiösen Gestalten akzeptierte und integrierte. Als Manichäer konnte man sich je nach Herkunft, Neigung und Bedürfnis auf alles beziehen und Schwerpunkte verlagern, ohne in Konflikt zu kommen.

Mani, zuerst mit seinen Eltern Mitglied der judenchristlichen Täufergemeinde der *Elkesaiten* in Mesopotamien, behauptete, in seinem 24. Lebensjahr Visionen gehabt zu haben, in denen ihm sein „himmlischer Zwilling“ die Wahrheit über Gott, Welt und Geschichte offenbart habe. Infolgedessen wandte er sich der Gnosis zu und gründete bald mit seinem Vater und ersten Anhänger eine missionarische Gegenkirche. Es gibt nach Manis Glauben Propheten, die der ewige Lichtgeist in die Welt gesandt hat, um die Menschen zu erleuchten. Zu ihnen gehören die Begründer der bedeutenderen Religionen, wie Adam, Noah und Abraham, Buddha und Zarathustra, sowie Jesus von Nazareth. Der letzte und höchste Prophet jedoch, der alles vereint, war Mani selber, „der größte Prophet und Apostel Jesu Christi“. Mani entwickelte so einen zunächst liberal erschei-

nenden Synkretismus, der Menschen aller Rassen, Sprachen und Religionen einen ihrem Vorleben und ihrer bisherigen Religion entsprechenden Einstieg anbot. Aus der Gnosis und dem Vulgärplatonismus integrierte er den ontologischen Gut-Böse-Dualismus, aus dem Buddhismus den Gedanken der Wiedergeburt und der Seelenwanderung, aus dem Juden- und Christentum den heilsgeschichtlichen Erlösungsgedanken. Nach in Sinkiang/China und Ägypten gefundenen manichäischen Schriften schrieb Mani in Aramäisch, der Sprache Jesu.
Durch die Gunst des toleranten persischen Herrschers Schapur I., selber Zarathustra-Anhänger und Feueranbeter, gewann Mani großen Einfluß und die Erlaubnis zu Predigt und Mission im Perserreich. Von dieser expandierenden Großmacht ausgehend, breitete sich der Manichäismus schnell in der ganzen orientalischen Welt aus, wirkte auch in das ganze Römerreich hinein, und wurde zu einer der großen Gefahren für das Christentum. Nach dreißig Jahren wurde Mani – wohl wegen seines immer mehr staatsbeherrschenden Einflusses – hingerichtet, was jedoch seine Mystifizierung zum wahren und letzten Propheten nur noch steigerte.
Hinter dem vordergründigen Schein von praktischer Heteronomie und synkretistischer Toleranz verbarg sich im Manichäismus jedoch ein beherrschendes Prinzip, nämlich der gnostische Gut/Böse- und Licht/Dunkel-Dualismus, der bei Mani in Form einer kosmischen Dynamik einer *Zwei-Prinzipien-* und *Drei-Reiche-Lehre* auftrat: Hinter der sichtbaren Wirklichkeit verbirgt sich ein Antagonismus zweier wesenhaft verschiedener Prinzipien: Licht und Finsternis, Gut und Böse, Geist und Materie. Diese waren ursprünglich radikal voneinander getrennt. Dem Reich des Lichtes, über das der „Vater des Lichtes" herrschte, stand das „Reich der Finsternis" gegenüber. Dann kam es zu einer Vermischung beider Welten, durch die der subkutane Dualismus unserer jetzigen Welt gekennzeichnet ist. So entsteht zunächst ein dynamischer Prozeß des Abfalls *(Erstes Reich:* das heillose Mischreich), auf den dann das Göttliche mit der Aussendung von Heilsgestalten bis hin zu Jesus antwortet. Sie bringen den verlorenen Menschen die Bot-

schaft vom göttlich-ewigen Ursprung ihrer Seele und lehren sie, nach diesem Höheren zu leben und schrittweise ihre „Urheimat" wiederzufinden *(Zweites Reich:* Erlösende Heilsgeschichte im Mischreich). Am Ende der Zeiten, wenn schon viele Seelen als „Licht-Elemente" aus der Welt der Vermischung befreit sind, kommt es zum großen Krieg zwischen Licht und Dunkel. Er endet mit der Wiederkunft Christi als endzeitlichem Richter, der Licht und Dunkel, Gute und Böse, voneinander trennt. So entsteht am Ende wieder der Anfang: Das Lichtreich als Gemeinschaft der Geistig-Guten mit dem Vater des Lichtes *(Drittes Reich)* und das Reich der Finsternis.

Vgl. HANS-JOACHIM KLIMKEIT, Art. *Mani, Manichäismus,* in: *Lexikon für Theologie und Kirche,* 3. Aufl., Bd. 6, Sp. 1266–1270.

Diese Unheil-Heil-Dynamik kombinierte der Manichäismus mit der fernöstlichen Lehre von der Seelenwanderung und der Wiedergeburt: Auf welchem Stadium der Einzelne ist, kann verschieden sein. Er kann noch ganz am Anfang stehen und noch fast dem Ersten Reich angehören, er kann erleuchtet sein und im Zweiten Reich leben, oder schon fast an der Tür zum Dritten Reich stehen. Entsprechend gelten auch verschiedene spirituelle und sittliche Forderungen: Von den wenigen „Erwählten" auf der höchsten Stufe verlangte Mani strenge Askese, Verzicht auf Geschlechtsverkehr, Fleisch, Blut und Alkohol, ja sogar auf Arbeit. Für die Masse der „Hörenden" genügte es, den „Erwählten" Dienst zu leisten, um so im nächsten Leben aufzusteigen und als „Erwählter" wiedergeboren zu werden. Dem entsprach auch die auch für den Manichäismus typische, kosmologisch-dynamische Ontologisierung des Bösen: Im Leiblichen und Materiellen wirken eben die Kräfte der Finsternis. Die Fleischessünden der Niederen, „Hörenden" sind nicht schlimm, da der Körper nun einmal sündhaft sei und seinen Tribut verlange (nach Kranz, S. 26). Nicht ich bin schuld, sondern *etwas Niedriges in mir* ist eben, wie es ist. Der Mensch ist Opfer eines kosmischen Konfliktes der „Mischwelt".

GISBERT KRANZ, *Augustinus. Sein Leben und sein Wirken,* 1994 (Kurztitel = **Kranz**).

Welchem Stand ein Mensch nun angehört, welchen Forderungen er deshalb entsprechen muß, und welcher Spiritualität und Heilsgestalt er sich persönlich primär anvertraut, konnte jeder selbst festlegen. Lebenspraktisch bedeutet dies: intellektueller Anspruch mit Doppelmoral.

Auch Augustinus blieb zehn Jahre „Hörender" und wandte sich dann wieder ab. Abgeschreckt vom zynischen *Sophismus* und dem *Skeptizismus* der sog. *„Akademiker"* hatte er sich den Manichäern angeschlossen und auch hier die Wahrheit nicht gefunden. Nach einem kurzen Rückzug in eher *„akademische"* Gefilde wuchs daraus aber die Sehnsucht nach einer nicht nur sachhaften, sondern personalen Wahrheit, die ihn erfüllen konnte. Vorher hatte Augustinus eine Suchbewegung gemacht, in der der Einfluß der gläubigen Mutter und des skeptischen Vaters ebenso eine Rolle spielten wie die dominierenden Kräfte in Staat und Kirche sowie aktuelle Denkrichtungen.

Wo leitete sich die skeptisch-rationale Denkrichtung her? Der *Sophismus* entstand um 450 vor Christus bei den Griechen, als sie in Berührung mit den verschiedenen Kulturen und Religionen der Mittelmeeres kamen: Überall galten verschiedene Gesetze, Gebote und Moralen. Die *Sophisten,* eine Gruppe von Wanderlehrern, folgerten: Die Wahrheit als solche ist nicht zu erkennen (als kritische Haltung eher *Skeptizismus,* seit Pyrrhon von Ellis [365–275], als ontologische *Agnostizismus).* Die Sophisten setzten dagegen auf das Kriterium der pragmatisch-geschickten Lebensbewältigung: Menschen können durch Rhetorik emotional überzeugt und begeistert werden. Der Mensch ist nach Protagoras (um 480–410) das „Maß aller Dinge". So wurde auch die Religion beurteilt: Sie ist notwendig, um die einfachen Leute zu beeindrucken und zu steuern. In Wirklichkeit geht es ihr um Macht und Funktion.

Plato hingegen gründete 385 v. Chr. eine Philosophenschule, deren Mitglieder bald die *„Akademiker"* genannt wurden. Ihr Ziel war die *Philosophie,* die „Liebe zur Weisheit". Die wahrheitsorientierte Vernunft entschied, welche Kultur, Religion oder Moral die richtige sei, und wenn auch Wahrheit und Gerechtigkeit letztlich unerreichbar sind, sei so eine Annäherung möglich. Die *Neue Akademie* nahm aber noch vor Christus eine *skeptische* Wendung. Sie bestand bis 529 n. Chr., als der hl. Benedikt mit Montecassino eine neue Zeit einleitete.

Der Arianismus

Mit dem Toleranzedikt Kaiser Konstantins im Jahre 313 begann der Aufstieg des Christentums von einer Gruppe verfemter und verfolgter Staatsfeinde zur Staatsreligion des Imperium Romanum (395). Dem äußeren Sieg des Christentums entsprach aber keineswegs eine innere Einheit und Geschlossenheit. Weil der neue Glaube in den entscheidenden Fragen der Gotteslehre und der *Soteriologie* (Erlösungslehre) reflexiv noch nicht zu sich selbst gekommen war, bildeten sich viele konkurrierende Gruppierungen und Sekten. Die Tendenz zur Monolatrie und zum philosophischen Eingottglauben war ein Charakteristikum der Spätantike, aber sie war keineswegs auf das Christentum beschränkt.
Viele Menschen wandten sich dem neuen Glauben zu, um der amoralischen Mythologie und dem spiritualitätslosen Kult des angestammten Polytheismus zu entfliehen. Im Christentum begegnete ihnen nun der *eine* Gott und Vater, aber auch sein Sohn, der Erlöser Jesus Christus. Wie sollte man aber dieses Verhältnis verstehen? Ist Jesus nun auch ein Gott? Dann hätten wir zwei Götter und keinen Monotheismus mehr! Was bedeutet „Sohn" und „Zeugung" bei einem immateriellen Gott? Muß man dies emanativ deuten wie der Neuplatonismus, oder emanativ-dualistisch-antithetisch, wie Mani? Oder ist Jesus vielleicht ein Halbgott, wie in den polytheistischen Mythen, die vom Verkehr der Götter mit Menschen reden? Diese Fragen waren offen und boten Anlaß zu den verschiedensten Theorien. Sie erweckten auch das Mißtrauen und die Verachtung der klassischen platonischen Philosophen: Sie sahen im Christentum eine primitive Mißgeburt aus bloßen irrationalen Behauptungen und logischen Widersprüchen. Was nicht vernünftig ist, kann auch nicht wahr sein. Identität läßt keine innere Verschiedenheit zu. Jede Differenz muß bereits als erster Abfall von der höchsten Seinshöhe betrachtet werden. Ewigkeit und All-Einheit lassen keine Beziehung zum Endlichen und Veränderlichen zu.

Wer oder was sind also der Vater, der Sohn und der Geist? Was sind Schöpfung und Erlösung? Das Göttliche ist reine Einheit mit sich selbst ohne innere Verschiedenheit und Gegenüber. Von der Welt der Götter über die der Geister bis hinunter zur unbelebten Materie sah man einen emanativen Abstieg, einen *Egreß* (Heraus-/Herabgang) zum immer niedrigeren Sein, dem ein *Regreß*, ein Wiederaufstieg zur Wiedervereinung der unsterblichen Seelen mit dem *theion* folgen müsse. Dieser werde bewirkt durch ein Eingehen eines göttlichen Geistes in die Gestalt eines Menschen, der den abgesunkenen Menschen die Weisheit zum Aufstieg vermittelt. So deuteten es die plotinischen Neuplatoniker und auch die Gnosis. Daß der ewige Gott drei verschiedene Erscheinungsweisen *(modi)* hat, durch die er auf Welt hin und in der Welt wirkt, in sich selbst aber nur einpersonal und als solcher in Welt unmitteilbar und unaussagbar ist, so sahen es die *Modalisten*. Dann ist die Offenbarung Gottes aber keine direkte Selbstoffenbarung mehr. Gott ist reiner Geist und kann sich nicht wirklich inkarnieren. Er erscheint in der Welt nur mit einem Scheinleib als dem äußeren Instrument seiner Mitteilung. So deuteten es die *Doketisten* und auch die *Manichäer*, die als Dualisten im Materiellen sogar eine dunkle Gegenwelt sahen, ausgehend von einem niederen Demiurgen. Dann gibt es jedoch keine direkte, willentliche und gute Schöpfung, keine wirkliche Menschwerdung und keine Erlösung der Welt, sondern nur noch eine Erlösung von der finsteren Zwischenwelt. Die *Adoptianer* sagten: Gott habe nur einen schon existierenden Menschen Jesus mit seinem Geist beseelt, gleichsam adoptiert, durch ihn gewirkt, und kurz vor seinem Tod wieder verlassen. Gelitten hat und gestorben ist natürlich nur der erschaffene Mensch aus Nazareth, weil ein immaterieller Gott ja weder leiden, noch sterben kann. Dann gibt es aber keine wirkliche Einheit von Gott und Mensch, keine wirkliche Annahme des Leiblichen, des Leidens und des Todes durch Gott. Das Heilswirken Gottes wird auf Anleitung und Ethik reduziert.

Dies waren alles durchaus reflektierte, hellsichtige Systeme mit bedeutsamer Teilwahrheit und mancher innerer Verwandt-

schaft, aber die äußerlich hinzugezogenen Deutungskategorien waren doch *heteronom,* d. h. nicht dem Christentum selber entnommen, sondern den Weisheitslehren der spätantiken Geisteswelt entliehen, und bewirkten immer eine schwere Verfälschung, oder gar Aufhebung der eigentlichen christlichen Botschaft.
Arius (ca. 280–336) war Presbyter in der Baukaliskirche zu Alexandrien. Auf ihn ging der sog. *„Arianische Streit"* zurück, der nicht nur das wachsende Christentum, sondern auch das ganze Imperium selbst zutiefst erschütterte und erst durch die trinitarische Gotteslehre und das trinitarische Glaubensbekenntnis der Allgemeinen Konzilien von Nizäa und Konstantinopel gelöst werden konnte. Von Arius selber sind nur einige kurze Briefe erhalten. Was er gedacht hat, wissen wir darüber hinaus nur aus einer metrischen Dichtung, der sog. *Thalia,* und aus den Darstellungen seiner Gegner. Arius stand dem gnostischen Dualismus, dem Modalismus und dem spätantiken Synkretismus durchaus kritisch gegenüber und strebte eine intellektuelle Lösung des ungelösten Problems des Verhältnisses zwischen Vater, Sohn und Geist an, die ihren Ursprung einer Reflexion über die Offenbarung selber, und nicht heteronomen, philosophischen Deutungskategorien entnahm. Im Vordergrund seiner Überlegungen stand die Sicherung des Monotheismus und die Verhinderung einer Abdrift in den mythischen Polytheismus.
Wer ist der Mensch Jesus Christus? Was meint die Heilige Schrift mit „Sohnschaft"? – Die Aussagen der Offenbarung schienen hier Widersprüchliches zu sagen: Einerseits spricht vor allem das johanneische Schrifttum von einer Einheit von Vater und Sohn und einer Gottgleichheit des Sohnes (Joh 10,30: „Ich und der Vater sind eins"; „Ehe Abraham ward, *bin* ich" u. ö.), andererseits gibt es auch Aussagen, die den Primat des Vaters betonen und den Sohn unter den Vater stellen (Joh 14,28: „Der Vater ist größer als ich"). Die Neuplatoniker, Gnostiker und Manichäer deuteten dieses Verhältnis als eine unwillkürliche Emanation eines schon endlichen, personalen Gottes aus dem unendlichen, aber apersonalen *theion.* Arius lehnte diese Aus-

legung ab, da sie den Monotheismus aufhebt, die göttliche Natur zu einem teilbaren Etwas macht, und der rein geistigen, und deshalb wesenhaft ungezeugten Gottheit (genauso wie die antiken Polytheisten) human-körperliche Dinge wie eine Zeugung von Söhnen unterstellt.

Wie kann ein Individuum zugleich zwei verschiedene Naturen haben, zugleich Gott und Mensch sein? Für die *Monophysiten* war dies unvorstellbar. Die Gnostiker unter ihnen sagten, Gott habe in Jesus nur einen „Scheinleib" angenommen; antiochenisch geprägte meinten, der Mensch Jesus sei bloß vom göttlichen Geist beseelt gewesen; wieder andere gingen von einem Mischwesen aus: in Teilen Gott, in Teilen Mensch.

Die einzige der Offenbarung entsprechende und vernünftige Deutung war für Arius, daß der allein ewige Vater „vor aller (irdischen) Zeit" *voluntativ* (willentlich) einen Sohn geschaffen habe, um sich in der Welt zu offenbaren. Dieser Sohn ist einerseits also ein endliches Geschöpf, andererseits aber wieder ein Wesen, das die alles übersteigende Herrlichkeit Gottes in der Welt teilweise faßbar macht und in göttlicher Kraft wirkt. Die Fülle des unendlichen *pleroma* der Gottheit kennt der Sohn zwar nicht, aber wir dürfen ihn wegen dieses Wirkens und nach dem Zeugnis der Schrift mit Recht „Gott" nennen. Er ist im strengen Sinne natürlich nicht der *theos alethinos* (der wahrhaft-wirkliche Gott), sondern existiert als unabhängige, endliche Subjekt-Hypostase aus und in dem schöpferischen Willen des Vaters. Er besitzt durchaus eine vorzeitliche Existenz als geistiges Wesen vor der Inkarnation, aber er ist nicht gleichewig mit dem Vater. Wenn er wirklich und in vollem Sinne Gott wäre, dann könnte er nicht gezeugt sein, weil Gott notwendigerweise *agennetos,* ungezeugt ist. Es gab also, wie die Anhänger des Arius sagten, „eine Zeit, in der er (der Sohn) nicht war". Er ist nicht *homo-ousios,* sondern nur *homoiousios,* nicht Gott gleich, sondern nur Gott ähnlich.

Diese Deutung schien nun die größten Probleme zu lösen: Der Monotheismus war gesichert, heteronome Deutungen waren abgewehrt, ein neuplatonischer und gnostischer Dualismus war vermieden, eine Abgrenzung vom *Monophysitismus* und vom simplen Adoptianismus war vollzogen, und die Aussagen der Offenbarung waren gewürdigt. Daß in Arius' Sichtweise die ganze Soteriologie in der Luft hing, fiel ihm und seinen Anhängern nicht auf. Wenn die menschliche Natur bis hin zu Leiden und Tod nicht von Gott selbst angenommen sind, dann ist sie auch nicht erlöst und in die Gemeinschaft mit Gott aufgenommen. Nur der Schöpfer selbst kann auch der Erlöser aller Menschen sein. Wie ein endliches Geschöpf, auch wenn es Göttliches in sich trägt, eine unendliche Wirkung hervorbringen kann – darüber konnten Arius und seine Gegenkirche keine Rechenschaft geben.

Im Hintergrund des arianischen Modells standen, trotz subjektiver Schrifttreue und einem relativ hohen reflexiven Niveau, im Grunde doch der den spätantiken Platonismus kennzeichnende Primat des Allgemeinen vor dem Besonderen, ein letztlich am Materiellen orientiertes, keine innere Differenz zulassendes Verständnis von Einheit, und drittens der fehlende Personbegriff. In der Auseinandersetzung mit dem Arianismus hat die junge Kirche wohl auch erst jenen höheren, eine innere Differenz zulassenden Einheitsbegriff und ein reflektiertes Personverständnis entwickeln können, wie sie die Lehre der beiden großen Konzilien von Nizäa und Konstantinopel geprägt hat. Den entscheidenden Paradigmenwechsel in der Trinitätsspekulation mit der Entwicklung eines wirklichen Primates der göttlichen Personen als Trägern der göttlichen Natur hat Augustinus mit seinem Werk *De Trinitate* hervorgebracht, das er zwischen 399 und 419 verfaßt hat.

Der Arianismus blieb wegen der Vielzahl seiner Anhänger und seinem missionarischen Geist noch lange über seine Verurteilung durch das *Nicäno-Konstatinopolitanum* hinaus am Leben. Die West- und Ostgoten, von Arianern christianisiert, brachen zu Beginn des fünften Jahrhunderts in Italien ein, eroberten 410 sogar Rom, und schufen unter Theoderich in Italien einen arianischen Ostgoten-Staat. Der Arianismus brach erst nach der Eroberung Italiens und der Vernichtung des Ostgotenreiches durch den oströmischen Kaiser Justinian (527–565) in sich zusammen.

Pelagianer und Semipelagianer

Einer der direkten Zeitgenossen und Gegner des hl. Augustinus war der britannische Theologe Pelagius, der – teilweise zeitgleich mit Augustinus – über 30 Jahre in Rom verbrachte und von dort ausgehend zahlreiche Gruppen von Anhängern um sich scharte, die sich über das ganze Imperium verstreut befanden. Auch von Pelagius wissen wir wenig. Er beeindruckte die römische Gesellschaft mit seinem asketischen Lebensstil, seinen hohen sittlichen Forderungen und seinem beredten Charisma, durch das er auch komplizierte theologische Sachverhalte anschaulich vermitteln konnte. Seine Theologie war von den großen Geistern der Spätantike wie Ambrosius, Hieronymus, Rufinus und Johannes Chrysostomus beeinflußt. Wie der bekehrte Augustinus kämpfte er gegen den Manichäismus und die spirituelle Verwahrlosung des zur Staatsreligion aufgestiegenen Christentums, dem sich jetzt Massen von Menschen anschlossen, die wenig Überzeugung und religiöses Interesse mitbrachten. Durch den Gotensturm stand das weströmische Reich militärisch wie politisch vor dem Zusammenbruch. Im Christentum sah Pelagius eine Religion, die die Römer durch ein hohes Ethos zu neuer Willenskraft und Stärke führen sollte und der grassierenden Dekadenz und Selbstaufgabe Einhalt gebot.

Pelagius und seine Anhänger leugneten die **Erbsünde**, d.h., daß der Mensch durch die Sünde die volle ursprüngliche Freiheit verloren hat und zum Guten unfähig geworden ist. Er betonte den Willen und die Freiheit und stellte an den Anfang des Heiles Belehrung und Aufklärung statt die heilende Gnade.

Kennzeichnend für den Pelagianismus waren – gegen Manichäismus und Gnosis – die Betonung der Willensfreiheit des Menschen und eine tendenzielle Leugnung der Erbsünde: Wenn der Mensch keinen freien Willen hätte und demzufolge sündigen *muß*, dann wäre die Sünde gar keine Sünde, sondern nur ein schuldloses Schicksal, das keine Bestrafung oder gar Verdammung durch Gott am Ende zuließe. Wenn die göttliche Offenbarung und der göttliche Heilsplan ein Ethos und Gebote enthält, dann muß der Mensch sie auch aus eigener Kraft und aus eigenem Willen einhalten und durchführen können. Pelagius leugne-

te keinesfalls die Notwendigkeit einer Offenbarung, der Spiritualität und der Kirche, denn der Mensch braucht ja eine Botschaft und Lehre, damit er weiß, was er tun und wie er leben soll, sonst geht er in die Irre. Aber Pelagius sah den Sinn der Heilsgeschichte nicht in einer *Heilung* von einer die Freiheit zerstörenden Sünde, sondern in einer orthodoxen und orthopraktischen *Anleitung*, durch die die menschliche Freiheit und Kraft einen Inhalt und ein Ziel bekommt.
Das Grundproblem des Pelagianismus ist die Auseinandersetzung über das geheimnisvolle Verhältnis von Freiheit, Sünde und Gnade, das sich durch die Kirchengeschichte, über die Reformationszeit bis zur Gegenwart hinzieht und immer wieder hochflammt: Die Sünde setzt die Freiheit voraus, sonst wäre sie ja keine Sünde. Gott hat die Schöpfung gut erschaffen und den Menschen mit Vernunft und Freiheit ausgestattet. Dies betonte Pelagius immer gegen den gnostisch-manichäischen Dualismus. Dagegen ist jedoch zu sagen: Die Sünde beschädigt aber auch die Freiheit und seinshafte Gutheit und macht den Menschen zu ihrem Sklaven. Die von Gott gesandte Gnade setzt aber eine verbliebene Gutheit voraus und bestärkt sie wieder. Spiritualität, Moral und Gesetz haben nur einen Sinn, wenn es eine von der guten Kraft des Menschen ausgehende Mitwirkungsmöglichkeit gibt. Existierte sie nicht, dann wäre die Erlösung ein reines Werk des erwählenden Willens Gottes, der einigen verlorenen Menschen die Kraft der erlösten Gutheit gibt, und anderen eben nicht, so daß Letztere unfähig zum Heil sind und bleiben.
Was steht am Anfang eines persönlichen Heilswegs? Der Primat der erwählenden Gnade oder die Freiheit der antwortenden Vernunft? – Pelagius entschied sich für Letzteres: Der Mensch kann und muß mit eigener Kraft und Freiheit sich der Gnade öffnen, so daß sie in ihm wirken kann. „Da die Vollkommenheit möglich ist, ist sie auch verpflichtend!" umschrieb Pelagius sein asketisches Ethos. Eine gute Tat setzt als Vorbedingung die Anstrengung der menschlichen Freiheit und des Willens voraus, auf die dann erst die göttliche Gnade *konsekutiv*-helfend einwirken kann. Gott gibt seine Gnade *nach* und

gemäß unserer/-en Verdienste/-en. Die Erbsünde als heillosen inneren Zustand lehnte er ab, weil sonst Sünde keine Sünde mehr und Gnade nur noch Willkür wäre. Die Erlösung ist also ein Mischwerk zwischen dem verdienstlichen Einsatz des Menschen in der Gutheit seiner Vernunft und Erkenntnis einerseits und der sekundär-helfenden Gnade Gottes andererseits.

Augustinus schrieb gegen Pelagius: Im Heilswerk Gottes geht es nicht nur darum, „die menschliche Natur zu regeln, sondern sie zu *heilen*" (De natura et gratia 11,12).

Gegen die Pelagianer verfaßte Augustinus fünf Werke: *De natura et gratia, De perfectione iustitiae hominis, De dono perseverantiae, De peccatorum meritis et remissione* und *De spiritu et littera*. In ihnen betonte er den absoluten Primat der göttlichen Gnade: Freiheit war für ihn nicht etwas, was schon immer gegeben war, sondern erst durch die Gnade Gottes geschenkt und wiederhergestellt werden mußte. In der pelagianischen Kontroverse entwarf er seine dem Sinn und Zeugnis der Offenbarung entsprechende, sog. *Prädestinationslehre:* Wenn das Werk der Erlösung kein paritätisches Zusammenwirken von Mensch und Gott sein soll, sondern ein Werk, dessen Anfang im schöpferischen Gott allein liegen muß, der die gefallene Welt wieder aufrichtet, dann muß es einen im Voraus erwählenden Willen Gottes geben, der einen gefallenen Menschen durch die Gnade befähigt, die bittere Feindseligkeit der Welt zu überwinden und zur „vollendeteren Freiheit" zu gelangen, durch die er in *gnadengeschenkter* Heiligkeit den Willen Gottes wieder erkennen, wollen und tun kann. Warum Gott einige Menschen dazu erwählt, und andere nicht, ist im Geheimnis Gottes verborgen.

Vgl. *Aurelius Augustinus. Aufstieg zu Gott,* hrsg., eingel. u. übers. von Ladislaus Boros,1982 (Kurztitel = **Boros**), S. 41–45.

Die Prädestinationslehre war und ist bis heute ein schwerwiegender Kritikpunkt an der Theologie des Kirchenvaters Augustinus. Besonders in der Reformation und im Calvinismus wurde sie als vorherbestimmende, willkürliche Erwählung zu Heil oder Verdammnis gedeutet, wofür es in Texten des Kirchenvaters durchaus Beispiele gibt (vgl. Boros, S. 41–45). Augustinus ging es aber in seiner Prädestinationslehre im Kampf gegen Pelagius primär um eine Verteidigung der alleinigen Gnadenhaftigkeit des Erlösungswerkes. Keinesfalls wollte er eine *konsekutive* Mitwirkung des begnadeten Menschen mit der Gnade zu seinem Heil und dem Heil anderer abstreiten. So betont er auch: „Gott, der dich ohne dich geschaffen hat, rettet dich nicht ohne dich!“ (Sermones 169,13). Diese Aussage beleuchtet, daß Augustins Prädestinationslehre nicht als ein willkürlicher Automatismus gedeutet werden darf, der an der Würde des Menschen als Person und seiner geheilten Freiheit vorbeigeht. Jede andere Sicht würde nämlich zur Leugnung der Erbsünde führen und das Heilsgeschehen zu einer sittenstrengen Anleitung zur Selbsterlösung machen. Darum hatte er sich vor seiner Bekehrung selber erfolglos bemüht. Die Energie, mit der er sich gegen Pelagius stellte, war nicht nur aus Leidenschaft zur Wahrheit, sondern auch durch seine eigene Lebenserfahrung begründet: „Pelagianer und Caelestianer, diese Windbeutel, aufgeblasen von Stolz, hatten angesichts der donnernden Worte des Apostels gewagt zu leugnen, daß niemand in diesem Fleische, in diesem vergänglichen Leibe, niemand auf dieser Erde, in dieser bösen Zeitlichkeit, in diesem Leben voll der Versuchungen, daß niemand hier ohne Sünde leben könne! Mögen sie doch mit ihrer ganzen Reinheit draußen bleiben!“ (Sermones 181, 1,3). „Die Pelagianer behaupten, daß Gott seine Gnade nach unseren Verdiensten gibt. Das ist gegen den katholischen Glauben … Die Prädestination muß verkündet werden, damit die wirkliche Gnade Gottes, das heißt jene, die uns gänzlich ohne unsere Verdienste gegeben wird, unwiderstehlich verteidigt werden kann“ (De dono perseverantiae XXI 34). Unter Augustins Vorsitz wurden die Pelagianer nach harten Auseinandersetzungen 416 auf der Synode von Mileve verurteilt (zur Kritik der Prädestination vgl. S. 134–137).

Die ***Sermones*** – Predigten des hl. Augustinus wurden erst von der *Mauriner* Gesamtausgabe (vgl. Lesetips und Kurztitel) zusammengestellt, aber noch im 20. Jh. durch Neufunde ergänzt. FRITS G. L. VAN DER MEER orientiert sich in seiner Einführung *Augustinus der Seelsorger,* 1951, daran.

De dono perseverantiae liber ad Prosperum et Hilarium secundus, eine Schrift aus den Jahren 428/429; dt. Üs. *Die Gabe der Beharrlichkeit* v. Adolar Zumkeller in: *Aurelius Augustinus. Schriften gegen die Semipelagianer* (lat. u. dt.), Bd. 7, 1955, 2. Aufl. 1987.

Donatisten, Circumcellionen

Als Augustinus im Jahre 396 Bischof von Hippo-Regius wurde, existierte in Nordafrika eine starke Gegenkirche, die ihren Ursprung in der Märtyrerzeit der Diokletianischen Christenverfolgung hatte. Nach ihrem Anführer Donatus wurden sie *Donatisten* genannt. „Unter dem Druck der Verfolgung waren manche Bischöfe und Priester schwach geworden und hatten, um ihr Leben zu retten, den Feinden der Kirche die heiligen Schriften und Kultgeräte ausgeliefert" (Kranz, S. 99). Einige Christen hatten auch dem Christentum abgeschworen und den Göttern die verlangten Kultopfer dargebracht, um dem Tod zu entgehen. Sie kehrten nach dem Abflauen der Christenverfolgung und der konstantinischen Wende jedoch wieder zur Kirche zurück. Gegen beide Gruppen, die sog. *traditores* („Auslieferer") und die zurückgekehrten *Apostaten* („Abgefallenen") richtete sich der Widerstand und die Verachtung jener „Reinen", die standhaft geblieben waren und ihren Glauben trotz (oder gar wegen) des drohenden Martyriums bekannt hatten. Von den Donatisten wurden solche Traditoren und Apostaten nicht mehr als Mitglieder der Kirche anerkannt, geschweige denn als Hirten akzeptiert.

In der radikalen Sekte der ***Donatisten*** wirkten ein negatives Weltbild, religiöser Fundamentalismus und ein sozialrevolutionärer Kampfgeist zusammen.

Als in Karthago ein neuer Bischof geweiht wurde, focht ein Teil der Priester und der Gemeinde die Gültigkeit dieser Weihe an, weil der Spender der Weihe angeblich ein unwürdiger *traditor* gewesen sei. Ein Todsünder könne keine Sakramente spenden. Sie stellten einen Gegenbischof auf, der von einigen nordafrikanischen Bischöfen geweiht wurde und bald großen Zulauf fand. Als auch in anderen Orten weitere Gegen-Bischöfe geweiht wurden und „reine" Gegengemeinden gegründet wurden, entstand eine eigene, abgespaltene Kirche, die als Kirche der Reinen, Heiligen und Überzeugten auf die „Kirche der Sünder" herabschaute. Das Problem der Donatisten war ein dreifaches: Das erste war die Tendenz zum reli-

giösen *Subjektivismus,* der die Gültigkeit und Wirkung von Sakramenten von der sittlichen Reinheit, Heiligkeit und Rechtgläubigkeit des jeweiligen Spenders abhängig machte. Das zweite Problem war der religiöse *„Individualismus“,* in dem die Christusbeziehung rein an der persönlichen Heiligkeit des Einzelnen festgemacht und nicht mehr durch die Kirche vermittelt betrachtet wurde. „Kirche“ war nur noch die Versammlung der individuell Heiligen und Reinen. Die getauften Sünder galten nur noch als „Scheinkirche“. Drittens vertrat der Donatismus einen radikalen *Partikularismus:* Einer wahren und begrenzten Kirche der Echten, Reinen und Heiligen stellte er die massenhafte Scheinkirche der Sünder und des Teufels gegenüber. Immer öfter veranstalteten die Donatisten bald Wiedertaufen für die zu ihrer Sekte übergetretenen Katholiken oder für Christen, die einmal aus Schwäche in der Verfolgungszeit dem Glauben abgeschworen hatten.
Der Streit der beiden Gegenkirchen zog sich bald über ganz Nordafrika hin. Donatus und seine Anhänger wandten sich an Kaiser Konstantin, der zur Klärung eine Bischofskonferenz in Rom einberief. Entgegen ihren Erwartungen bekamen die Donatisten nicht recht: Die Gültigkeit der Weihe des Bischofs von Karthago wurde anerkannt und die objektive Gültigkeit der Sakramente unabhängig von der subjektiven Frömmigkeit ihrer jeweiligen Spender betont, was das *Konzil von Trient* (1545–1563) in dem Grundsatz *ex opere operato* (durch die vollzogene Handlung) dogmatisierte. Im Sakrament handelt ja Christus durch den spendenden Priester, seinem Werkzeug, und nicht der Priester vermittels seiner subjektiven Heiligkeit! Als die Donatisten dieses Urteil nicht akzeptieren wollten und sich noch zweimal an den Kaiser wandten, antwortete Konstantin mit Repression: Durch ein Edikt wurden die donatistischen Bischöfe verbannt und deren Kirchen geschlossen. Dieser staatliche Eingriff hatte aber keinen Erfolg. Die Donatisten sahen dies als einen Beweis, daß sie die wahre, verfolgte Kirche der Märtyrer seien und die katholische Großkirche die Scheinkirche des Satans. Die donatistischen Gegengemeinden enthielten verstärkten Zulauf aus der agrarischen Unterschicht,

und ein aggressiver Konflikt zwischen Donatisten und Katholiken flammte auf. In diesem donatistischen Proletariat bildeten sich Terrorgruppen, die *Circumcellionen,* die in die Häuser von Katholiken einbrachen, sie anzündeten und zerstörten; Kirchen plünderten, Priester blendeten oder ermordeten und Reisende überfielen. Hörige aus den riesigen Latifundien der Reichen, die oft schlechter als Sklaven lebten, erhoben sich gegen ihre Unterdrücker, befreiten Sklaven, vernichteten Schuldregister und ermordeten Großgrundbesitzer. Die Circumcellionen betrachteten sich als „Kämpfer des Himmels gegen irdische Verderbnis" (Kranz, S. 101) und als Krieger des Reiches Gottes. Eine Kirche, deren Mitglieder die heidnische Unterdrückung, Versklavung und Ausbeutung ihrer Untergebenen unvermindert und ohne Schuldgefühl fortsetzten, konnte nicht die wahre Kirche sein. Ihr Terror breitete die Circumcellionen schnell über ganz Nordafrika aus. Als Konstantin erkannte, daß staatliche Repression das Ansehen der Gegenkirche beim Volk nicht bremste, sondern eher steigerte, brach er die Verfolgung der Donatisten wieder ab.

Dialog: Kampf mit Respekt

In diese Epoche jenes „kalten Krieges" fiel das Auftreten des jungen Bischofs Augustinus. Angesichts des Scheiterns einer bloß äußeren Bekämpfung der Sekte und des kämpferischen Fanatismus der Donatisten setzte er auf Milde, Geduld und innere Auseinandersetzung: Er wollte den Irrtum nicht mit Gewalt, sondern mit Beweisen und Überzeugung besiegen, „damit nicht aus aufrichtigen Häretikern gezwungene Katholiken würden" (Kranz S. 103). „Man muß den Irrtum hassen, den Irrenden aber lieben!" So hielt er überall öffentliche Predigten, lud zu Gesprächen im kleinen Kreis ein, schrieb an die Donatistenbischöfe versöhnliche Briefe, die in den Häretikergemeinden oft diskutiert wurden, empfing den Donatisten Fortunius zu einem friedlichen Gespräch, und bat sogar die Legionen, sich vorher aus den Orten der Auseinandersetzung zurückzuziehen, damit sich niemand äußerlich unter Druck gesetzt vorkäme. Auf die verleumdende Polemik und Aggression der Donatisten reagierte er nicht mit Gegengewalt, sondern mit friedlicher Geduld. Dahinter stand weniger Taktik, sondern der Respekt vor dem irrenden Gewissen.

Darauf antwortete Augustinus mit einer Klärung des offensichtlich noch völlig strittigen Kirchenbegriffs. Die Donatisten verstanden als Kirche nur die Gemeinschaft der Reinen, Heiligen und Gottverbundenen. Die Zweifler, Sünder und Schwachen gehörten nicht dazu. Sie galten als die Scheinkirche des Satans. Augustinus gestand durchaus zu, daß es einen Unterschied zwischen der sichtbaren und der unsichtbaren Kirche gibt: „Viele, die drinnen scheinen, sind in Wahrheit draußen. Viele die draußen scheinen, sind in Wahrheit drinnen.“ Aber nach dem Gleichnis Jesu vom Spreu und vom Weizen ist es uns in dieser Welt nicht erlaubt, beide schon in dieser Welt zu unterscheiden und voneinander zu trennen. Das ist dem ewigen Gericht vorbehalten und dem Urteil Gottes, der allein die Herzen der Menschen kennt. Wir sollen also beides wachsen lassen bis zur Ernte. Die Kirche auf Erden ist eine Kirche auf dem Weg der Pilgerschaft, zu der nicht nur die Heiligen gehören, sondern auch die Sünder. Selbst die Heiligkeit der Heiligen ist auf Erden noch nicht vollendet. Erst die vollendete Kirche des Himmels wird keine Unheiligen mehr in ihrer Gemeinschaft haben (vgl. Kranz S. 107).

Je mehr die donatistischen Theologen geistig in Bedrängnis kamen, desto radikaler wurde ihre Aggressivität nach außen: Donatistische Geistliche riefen bald zur Ermordung des Augustinus auf und versprachen dem Täter die Vergebung aller Sünden und die sofortige Aufnahme in den Himmel. Augustinus und seine bischöflichen Mitbrüder suchten hingegen nach Mitteln und Wegen, die getrennten Brüder wieder in die Kirche zurückzuführen. Auf dem *Ersten Konzil zu Karthago* im Jahre 401 beschlossen die Bischöfe sogar, daß zur katholischen Kirche zurückkehrende Priester und Bischöfe ihre Würde und Stellung behalten könnten. 403, auf dem *Zweiten Konzil,* luden die Bischöfe zu einer donatistisch-katholischen Konferenz ein, die die Wiedervereinigung einleiten sollte. Doch die Donatisten antworteten auf diese Friedenspolitik mit starrsinnigem Hochmut, wiesen jede inhaltliche Auseinandersetzung ab und trieben den Circumcellionen-Terror nach oben. Immer mehr katholische Priester und Bischöfe wurden getötet, überfallen, ausgeplündert und sogar öffentlich hingerichtet. Nordafrika taumelte Anarchie und Bürgerkrieg entgegen.

Nötigenfalls: Nötigung

So forderten die Bischöfe auf dem *Vierten Konzil zu Karthago* (404) doch wieder das Eingreifen der Staatsmacht, aber wegen der Bitte Augustins beschränkte man sich darauf, die katholischen Gläubigen zu schützen und vermied die Bestrafung Unschuldiger. Dieser Einschränkung wollte sich Kaiser Honorius aus Gründen der Staatsraison und der inneren Sicherheit nicht beugen. Er erließ 405 eine Reihe von Gesetzen, die die Verbannung der Donatistenbischöfe und die Konfiszierung ihrer Kirchen und Gebäude ermöglichte. Alle Wiedertäufer und unruhestiftenden Circumcellionen sollten mit Deportation, Zwangsarbeit und Vermögensentzug bestraft werden. Ziel war die Vernichtung des Donatismus mit äußerer Gewalt. Augustinus war über diese staatliche Repression, die ja auch unschuldige Donatisten betraf, nicht glücklich. Er sah in der Donatisten-Kirche keine in sich verbrecherische Organisation. Zunächst setzte er auf Gewissensfreiheit und Auseinandersetzung, und nicht auf äußeren Zwang. Erst als er die Erfahrung machte, daß sie um so fanatischer und verbrecherischer wurden, je mehr sie inhaltlich unterlagen, änderte er seine Meinung. Zudem bemerkte er, daß die Gesetze des Honorius viele Donatisten dazu brachten, in die katholische Kirche zurückzukehren, wieder friedlich zu werden und sich eines Besseren zu besinnen. So begann er, den äußeren Zwang unter gewissen Bedingungen zu rechtfertigen:

Mit diesem Gedankengang lehnt sich Augustinus an das biblische Wort an: „Wer die Rute spart, haßt seinen Sohn, wer ihn liebt, nimmt ihn früh in Zucht" (Spr 13,24). Daß A. damit keine „schwarze Pädagogik" rechtfertigte, zeigt seine Erinnerung an schulische Prügel (Confessiones I 9,14 f.).

Es gibt faktisch, so Augustinus, zwei Arten von Menschen: Die einen tun das Gute aus Liebe und Einsicht. Die anderen nur aus Angst vor der Strafe und unter Druck: „Es ist zweifellos besser, wenn die Menschen sich durch Unterweisung zur Verehrung Gottes führen lassen, als wenn sie durch Furcht vor Strafe oder durch Schmerz dazu angetrieben werden müssen. ... Aber wie es die besseren sind, die die Liebe leitet, so sind es die Zahlreicheren, die die Furcht bessert" (Augustinus nach Kranz, S. 115). Man müsse also zuerst auf das Gute und die Wahrheitsliebe setzen, wenn dies aber nichts, oder gar das Gegenteil bewirkt, dann sei der Einsatz von Gewalt zum Heil der Verirrten gerechtfertigt. Die Anwendung von äußerem Zwang hielt Augustinus als Dienst am ewigen Heil der verstockten Sünder für notwendig und auch mit dem Evangelium vereinbar: Im Gleichnis Jesu vom Gastmahl (Lk 14,16 ff.), wo der Herr einem Diener den Auftrag geben läßt: „Geh an die Hecken und Zäune und *nötige sie, hereinzukommen (compelle intrare),* denn mein Haus muß voll sein!" sah Augustinus das Recht und die Pflicht der Kirche begründet, *Häretiker* (Ketzer) und *Schismatiker* (Spalter) mit Gewalt und Strafe in das Haus der Kirche zu bringen.
Dieses *Compelle intrare* wird Augustinus immer wieder vorgeworfen, weil es im Widerspruch zu vielen frühen Kirchenvätern steht, die jeglichen Zwang als Mittel zur Bekehrung abgelehnt hatten. Durch Augustins unseriöse Ideologie habe die jetzt zur Staatskirche aufgestiegene, verfolgte Minderheit der Christen begonnen, dieselben repressiven und intoleranten Mittel gegen ihre Gegner einzusetzen, unter denen die Märtyrer in der Frühzeit der heidnischen Christenverfolgung gelitten hatten. Natürlich haben sich jahrhundertelang immer wieder Inquisitoren und „Ketzerjäger" auf diese Stelle in den *Retractationes* (siehe S. 119 f.) des Kirchenvaters berufen und schlimmste Verbrechen damit gerechtfertigt. Einschränkend muß man aber sagen: Augustinus hat die Anwendung von Strafe und Zwang nur als letztes Mittel akzeptiert, nachdem er sich selbst jahrelang friedlich, geduldig, aber eben erfolglos um die Bekehrung der Donatisten und Circumcellionen

bemüht hatte. Auch als seine Gegner darauf mit noch mehr Terror und Greueln antworteten, lehnte Augustinus weiter die Verstümmelung und die Todestrafe ab, die Kaiser Honorius 414 den Donatisten androhte, weil sie jegliche Möglichkeit zu späterer Bekehrung unmöglich machten (vgl. Kranz, S. 117). Es ging Augustinus auch hier weiter nur um das Heil der verirrten Fanatiker: Mit Briefen mahnte er immer wieder radikal vorgehende Kommissare und Prokuratoren zu mehr Menschlichkeit und Gerechtigkeit. Weder Folter, noch Todesstrafe kann man mit Augustins *Compelle intrare* rechtfertigen, auch wenn sich die Anwender solcher Methoden jahrhundertelang immer wieder auf ihn beriefen. In seinen *Retractationes* erklärt Augustinus klar und deutlich, daß er nur deswegen einem Recht auf staatliche Bekämpfung der Ketzerei zugestimmt habe, weil die Irrlehren auch eine Gefahr für die Gesellschaft und den Staat darstellen (vgl. Kranz, S. 119). In der Tat war der Circumcellionen-Terror ein für das zusammenbrechende Imperium ein staatsgefährdendes und nicht mehr anders zu lösendes Problem. Die radikalen Donatisten waren auch kein im Grunde zu tolerierender, nur andersartiger Modus gelebten Christentums, sondern die ins Gewalttätige pervertierte Form eines rigiden Fundamentalismus.

Als Kaiser Honorius 410 dem katholischen und donatistischen Episkopat den Befehl zu einem endgültigen Unionskonzil in Karthago erteilte, konnten sich die Donatisten einer inhaltlichen Auseinandersetzung endgültig nicht mehr entziehen. Wieder rief Augustinus zu Fairneß, Gewaltfreiheit und einer sachlichen Auseinandersetzung auf. Man gab den Donatisten sogar vorher ihre Basiliken zurück, um guten Willen zu zeigen und Vertrauen zu erwecken. Auf dem Konzil 411 gaben sich die Donatisten jedoch weiter trotzig und starrsinnig, obwohl (oder weil) sie wiederum in allen Punkten widerlegt wurden. Zur Splittergruppe erodiert, existierten sie noch lange weiter. Erst mit der Islamisierung Afrikas gingen die letzten Reste der Sekte unter (vgl. Kranz, S. 122).

II. Eine Biographie des hl. Augustinus

Eltern und Kindheit

Augustinus wurde 354 in Thagaste, einer Kleinstadt der nordafrikanischen Provinz Numidien (heute Souk Ahras, Algerien) geboren. Sein Vater Patricius war wohl ein latinisierter und romanisierter Berber. Seine Mutter Monika (eigentlich „Monnica") war eine fromme und überzeugte Christin, Patricius hingegen war Heide. Augustinus selber schrieb später über seinen Vater, er sei Katechumene gewesen, aber wohl nicht aus innerer Überzeugung und Gottsuche, sondern eher seiner Frau zuliebe. Er war, wie viele spätantike Menschen, eher agnostisch und religiös desinteressiert. Patricius war Landbesitzer und Mitglied des Magistrates; nicht reich, aber durchaus wohlhabend. Von Anfang an förderte er die Bildung seines Sohnes.

Augustinus' Leben beschreibt er selbst in seinen *Bekenntnissen*, den *Confessiones*, die man als erste Autobiographie der Welt bezeichnen kann. Weitere Quellen nennt Wilhelm Geerlings, *Augustinus. Leben und Werk*, 2002, S. 27. Eine ausführliche Biographie ist Peter Brown, *Augustinus von Hippo*, 1979.

Die Kindheit Augustins gehörte zu einer zeit- und geistesgeschichtlichen Zwischenepoche. Das Toleranzedikt Kaiser Konstantins von 313 hatte das Christentum zu einer erlaubten und bald auch staatlich geförderten Religion gemacht. Aber das alte Heidentum war noch nicht tot (vgl. Kranz, S. 17). Selbst als das Christentum unter Kaiser Theodosius zur alleinigen Staatsreligion erhoben wurde (395), blieben die Hälfte der Menschen in Numidien weiter Heiden. Unter diesem spätantiken Heidentum darf man sich jedoch keine fest umrissene Religion vorstellen: Es handelte sich um Hunderte verschiedener Kulte, die auch oft nebeneinander praktiziert wurden. Es existierte noch der primitive Polytheismus alter Prägung, dessen Opferriten als liebgewonnenes Brauchtum und aus Gewohnheit weiter praktiziert wurden. Man nahm den alten Polytheismus zwar oft nicht mehr ganz ernst und deutete ihn oft symbolisch um, aber die Macht der Gewohnheit und eine gewisse Gedankenlosigkeit wirkten das Ihre. Die neuplatonischen Weisheitslehren wandten sich auch nicht direkt gegen den Polytheismus, sondern deuteten ihn allegorisch-emanativ um (vgl. Kranz, S. 17 f.).

Fernöstliche Mysterienkulte wie die Verehrung des Mithras und der Kybele hatten auch viele Anhänger. Die Gebildeten suchten die Botschaft des Christentums oft in ihre synkretistischen Theorien zu integrieren und hielten sich für die reflektierteren Christen. Gnostiker und Manichäer fanden gerade in der Oberschicht viel Zulauf.

Auch das Christentum war in sich gespalten. Die Gotteslehre des *Konzils von Nizäa* wurde keineswegs überall angenommen. Katholisch-nizänischen Bischöfen standen arianische gegenüber. Daneben hatte sich in Nordafrika auch noch der Donatismus zu einer starken Gegenkirche entwickelt. Gerade unter den Gebildeten der Oberschicht und den Neuplatonikern hatte das Christentum nicht gerade den Ruf intellektueller Reflektiertheit und philosophischen Niveaus. Man sah in den Christen Ungebildete, die in *fideistischer* Selbstpreisgabe einfach auf Autorität hin sonderbare und unnachvollziehbare Dinge glauben, die keinen allgemeinen Sinn und keine allgemein rechtfertigbare Vernunftwahrheit enthalten. Dies war der Ursprung jener vielen gnostischen und neuplatonischen Sekten, welche die christliche Heilsgeschichte als symbolische Allegorie einer dahinterliegenden, spekulativen Weisheitslehre deuteten.

Auf dem ***Konzil von Nizäa****/Nicaea/Nikaia* (325) wurde die Lehre vom dreifaltigen Gott verkündet und das große Glaubensbekenntnis der Christenheit begonnen: Vorher war das Verhältnis von Gott-Vater, Sohn und Heiligem Geist noch umstritten (vgl. S. 45–49). Der Jhe. später auftretende ***Fideismus*** beschränkt sich auf schlichten Glauben und verweigert eine rationale Durchdringung desselben.

Für viele, vor allem einflußreiche Heiden galt das Christentum auch nach seiner Tolerierung als eine Modeerscheinung, die sich entweder bald wieder totlaufen oder sich als relativ bedeutungsloser Sonderkult einer Minderheit problemlos in das synkretistische System der Spätantike einfügen würde. Als Kaiser Julianus Apostata (360–363) das schon sehr etablierte Christentum mit aller Macht wieder ausrotten und den alten Polytheismus restituieren wollte, schien für viele der Tag gekommen, an dem die Faszination für das Neue einschlafen würde und die Rückkehr der Menschen zum Gehabten aus reinem Überlebenswillen bevorstand. Augustins nüchterner Vater Patricius gehörte wohl zu jenen pragmatischen Weltmenschen, die sich dem Christentum als Modeerscheinung

zwar äußerlich beugten, um ihre gesellschaftliche Stellung nicht zu gefährden oder ihren bekehrten Familienmitgliedern zu gefallen, die aber innerlich ohne jede Überzeugung oder auch nur großes Interesse waren. Dieser spätantike *Agnostizismus* war häufig vertreten und trat in vielen Spielarten auf: Viele beteiligten sich an allen möglichen Kultformen, auch verschiedener Religionen gleichzeitig, denn es könnte ja schaden, einen Gott nicht verehrt zu haben, den es doch gibt. Oder man sah wie die antiken *Sophisten* in jeder Form von Religion nur ein pseudo-numinoses System, das jede Gesellschaft und jeder Staat zur Regelung und Begründung von Gesetz, Ordnung und Moral braucht, um die Ungebildeten zu kontrollieren, bei der es aber in Wirklichkeit nur um Innerweltliches geht: um Macht und Funktion. Zweifellos litt auch das zur Staatsreligion aufgestiegene Christentum unter dem Problem, daß nun viele zum Christentum übertraten und sich taufen ließen, die keinen wirklichen Glauben hatten, oder sich nur mehr oder minder desinteressiert dem Zeitgeist beugten.
Dieser geistige Bruch zog sich auch durch die Familie des jungen Augustinus und beeinflußte seine Persönlichkeitsentwicklung. Monika ließ ihren kleinen Sohn nicht taufen. Diese Entscheidung fiel nicht, weil Patricius eine Taufe verboten hätte. Vielmehr gab es damals noch keine fast automatische Kindertaufe. Viele Kinder christlicher Eltern empfingen erst nach längerem Katechumenat als Erwachsene die Taufe. Augustinus sollte sich wohl nach gründlichem Unterricht in der christlichen Lehre aus eigener Überzeugung und mit freiem Willen selber für den christlichen Glauben entscheiden oder eben Heide bleiben. Angesichts Dutzender von christlichen und pseudochristlichen Gemeinden und Sekten schien es ihr wohl wichtig, daß Augustinus eine überlegte Entscheidung fällte und nicht wie viele andere der Neigung verfiel, sich unkritisch einfach jener Kirche oder Sekte anzuschließen, die am nächsten lag, der Bekannte und Freunde angehörten oder die ihm am meisten nutzen konnte.

Der Drang nach oben

Als Augustinus ins Schulalter kam, erreichten die inneren und äußeren Wirren des Römischen Reiches, jenes jahrhundertelangen Garanten der Stabilität, einen weiteren Höhepunkt. Franken, Alemannen und Sachsen fielen in die Nordprovinzen ein, wechselnde Soldatenkaiser kämpften mit Aufständen von Usurpatoren und wandten sich teilweise dem Arianismus zu. Die christlichen Kirchen vermehrten und spalteten sich weiter, nahmen Einfluß auf die herrschende Politik und stritten immer hemmungsloser untereinander. Dies alles ließ das zahlenmäßig immer noch starke Heidentum geistig wieder aufleben. Überall fanden wieder öffentliche heidnische Kulte statt, man predigte für die phönizische Tanit und die phrygische Kybele, und einflußreiche Philosophen der verschiedensten Gruppierungen, wie z. B. Maximus von Madaura, polemisierten lautstark gegen das Christentum als den Ursprung aller Übel: Nur eine gewaltsame Restitution des alten Polytheismus könne das zusammenbrechende Imperium retten. Als Kaiser Julian 360 die Christenverfolgung wieder begann, schien sich der Lauf der Dinge wieder umzukehren: Heidnische Generäle planten die Versklavung oder Tötung aller Geistlichen und die Profanierung aller Kirchen und Basiliken.

Der junge Augustinus nahm als Zuschauer an all diesen Ereignissen und Veranstaltungen teil und beschäftigte sich mit den Philosophien und Weisheitslehren seiner Zeit. Obwohl ihn die Frömmigkeit und Rechtschaffenheit seiner Mutter beeindruckten, wollte er sich keiner der in Nordafrika präsenten Kirchen anschließen. Er war unentschlossen. Nach einem Jahr des Nichtstuns ging er, gefördert von seinem Vater, zum Studium der Rhetorik und der freien Künste nach Karthago. Ihn faszinierte die liberale Literatur und Weltanschauung des Cicero. Er wollte nun in Staat und Wissenschaft Karriere machen. „Wie die meisten jungen Männer, die mit lebhafter Intelligenz und ungeschwächter Sinnlichkeit begabt sind, wurde Augustinus von zwei Leidenschaften bewegt: von der Frauenliebe und vom Ehrgeiz" (Kranz, S. 20).

Als sein Vater starb, nahm er, gerade siebzehnjährig, seine erste Konkubine zu sich. Dies galt damals keineswegs als anstößig, sondern war in der Oberschicht durchaus verbreitet. Seine Mutter mahnte ihn zwar, wenigstens keine verheirateten Frauen zu verführen, nahm jedoch die erotischen Eskapaden des jungen Mannes nicht allzu wichtig: „Er ist ja noch nicht getauft!" Vierzehn Jahre blieb Augustinus dieser jungen Frau treu und nahm sie überall hin mit. Sie war seine erste und echte Liebe. Auch Jahrzehnte später spricht er in seinen Confessiones respekt- und liebevoll von dieser Frau. Niemals erwähnt er ihren Namen, weil er sie schützen und ihren Ruf nicht verderben wollte. Bald nach Beginn dieser Partnerschaft gebar seine Konkubine einen Sohn. Er wurde Adeodatus genannt: „Von Gott gegeben". Warum hat er sie aber niemals geheiratet? An fehlender, tieferer Liebe zu ihr lag es nicht, auch nicht an Charaktermängeln ihrerseits. Aber erstens erlaubte das kaiserliche Gesetz einem Mann seines Standes nicht, eine Frau aus niederer Schicht zu ehelichen; zweitens hätte eine frühe Heirat seine Laufbahn behindert, was dem Ehrgeiz des jungen Augustinus nicht entsprach, und drittens war seine Mutter Monika dagegen. Sie hatte nämlich eine sehr junge, standesgemäße Frau ausfindig gemacht, die ihr als eine gute Partie für ihren Sohn erschien. Augustinus hat sich ein Leben lang Vorwürfe gemacht, daß er damals dem Druck seiner Mutter nachgegeben und seine erste Lebensgefährtin entlassen hat. Da das ausgesuchte Mädchen noch zwei Jahre zu jung für eine Heirat war und es Augustinus nicht möglich schien, so lange ohne den gewohnten Eros zu leben, suchte er sich, um die Wartezeit zu überbrücken, wieder eine neue Mätresse.

Augustinus konnte und wollte sich in dieser Lebensphase nicht für eine der vielen christlichen Gemeinschaften entscheiden. Das Christentum war ihm, der er unter dem Einfluß der Philosophien und Weisheitslehren der Spätantike stand, zu autoritätsbezogen und unreflektiert. Auch hätte die christliche Mo-

ral eine Aufgabe seines unkontrollierten Liebeslebens verlangt, und dazu sah er sich nicht in der Lage. Der Manichäismus bot ihm dagegen eine synkretistische Weisheitsreligion an, die die meisten verbreiteten Religionen unter einem übergeordneten Vernunftprinzip integrieren ließ (vgl. Confessiones II 5,9). Zudem konnte er seine Stellung und die dazugehörende Moral selber festlegen, weshalb er nur „Hörender" wurde, was ihm weiter leichtlebige Liebschaften erlaubte.
Später blickte er mit Abscheu und fast überzogener Selbstkritik auf diese seine „Jugendsünden" zurück. In den *Confessiones* berichtet er, wie er schon als Kind log, Obst stahl und die Schule schwänzte, wie er schlechte Bücher las und unmoralische Theateraufführungen besuchte, und natürlich, wie er immer wieder zu ungehemmten Liebesabenteuern neigte. Es ist aber albern, dies zu einem Eingeständnis sexueller Perversität umzudeuten. Denn Augustinus war ein Mann von Welt, der wußte, daß dies alles für einen Pubertierenden durchaus „phasentypisch" ist. Nur erkannte er darin die ersten, kleinen Anzeichen für jene große Tragik des Menschengeschlechtes: den Freiheitsverlust und die Sklaverei der Sünde, die nur durch eine gnadenhafte Neuschöpfung Gottes geheilt werden kann. Wer nur auf sich vertraut und sich selbst liebt, geht in die Irre. Das ist die Unheilsgeschichte, die bei ihm im Kleinen anfing, aber dann zu immer größerer Zerstörung seiner selbst und anderer führte.
Mehr noch als über seine ungezügelte Liebesleidenschaft hat Augustinus später über das zweite Laster seines unbekehrten Lebens geklagt: den Ehrgeiz und den selbstbezogenen Karrieretrieb. Beide Eltern hatten diese Neigungen von Anfang an gutmeinend gefördert. Sie waren zu jedem Opfer bereit, um ihrem Sohn jene Bildung zu vermitteln, die ihm später den Zugang zu politischer Machtstellung und höheren Ämtern am kaiserlichen Hof erschlossen. Sie ließen ihn in Madaura und später in Karthago Rhetorik studieren, weil begabte und einfallsreiche Rhetoriker Aufsehen und Respekt bei den Politikern erweckten, leicht einflußreiche Beziehungen knüpften, und oft für höhere Staatsämter auserkoren wurden.

Im Studium fielen seine Begabung, sein Interesse und sein Fleiß sofort auf. Er galt bald als der „glänzendste Kopf“ unter den Studenten. Leider ging seiner Familie bald das Geld für das Studium aus. Er hätte deshalb ein Jahr unterbrechen müssen, beteiligte sich aber gleich an einem Wettkampf um Dichtkunst und gewann einen Preis, der ihm weitere Schritte ermöglichte. Von diesem Erfolg angetrieben, eröffnete er in seiner Heimatstadt Thagaste eine kleine Schule, kehrte aber bald wieder nach Karthago zurück, um den Lehrstuhl für Rhetorik an der Stadthochschule zu übernehmen. Von der Provinzhauptstadt zog es ihn weiter nach Rom. Er hatte zwar in Karthago viele interessierte Zuhörer, aber die randalierende Aufsässigkeit vieler Studenten der numidischen Oberschicht stieß ihn bald ab. Er sah sich zu Höherem geboren und befähigt. Rom galt immer noch als der Mittelpunkt der Welt, aber der kaiserliche Hof war schon nach Mailand umgezogen und die meisten besseren Familien lebten schon lange über ihre Verhältnisse. Er hatte auch hier viele Hörer, aber bei der Bezahlung seines Honorars nahmen sie es nicht so genau. Augustinus aber war auf dieses Geld angewiesen und wurde wegen seiner Ärmlichkeit oft verspottet.
Schon vorher hatte er sich nach endlosen Diskussionen mit den führenden Manichäern enttäuscht von dieser Sekte abgewandt. Noch mehr suchte er jetzt seine Erfüllung in der Karriere. Sein Ehrgeiz und seine Fähigkeiten hatten ihn von der Provinz bis nach Rom gebracht. Aber hinter dem äußeren Schein verbarg sich auch hier nur Niedrigkeit, Dekadenz und Leere. Geistig ausgebrannt und unbefriedigt beschäftigte er sich nun mit Astrologie und suchte Kontakt zu den skeptischen Akademikern, die ihn mit ihrem sophistischen Agnostizismus ansteckten. In aller Philosophie und Weisheit erkannte er nur noch Sprachspiele, die das Herz leer bleiben ließen. Die letzte Sehnsucht des Menschen richtet sich nicht nur auf Erkenntnis und Wahrheit, sondern auch auf Beziehung und Liebe. Der Skeptizismus und die Weisheitslehren boten weder das eine, noch das andere. Ein schales Gefühl von Verzweiflung und Leere breiteten sich in ihm aus: Gibt es überhaupt eine Möglichkeit, die Wahrheit zu

erkennen? Er hätte jetzt zum Zyniker werden können, aber die Sehnsucht nach dem Mehr trieb ihn weiter.
Als die neue Kaiserstadt Mailand einen hochdotierten Rhetoriklehrstuhl ausschrieb, war seine Freude groß und er bewarb sich. Er bekam das Amt, wurde Staatsbeamter und wechselte nach Mailand. Als Rhetoriker hatte er einen hohen gesellschaftlichen Rang, ein gesichertes Einkommen, einen beträchtlichen Zulauf an Studenten und auch Einfluß auf die höchsten politischen Kreise. Eigentlich hätte ihn das Erreichte zufriedenstellen können, aber sein Ehrgeiz und seine seltsame Unzufriedenheit ließen ihn nicht los. Er trachtete schon wieder nach höheren Würden und träumte davon, Provinzstatthalter zu werden (vgl. Kranz, S.23). Geistig setzte er sich mit Ciceros *Hortensius* auseinander und begann mit der Abfassung seines ersten Buches „Gegen die Akademiker" (siehe Randnote S. 14). Um sich bekannt zu machen, suchte er, wann immer es ging, Kontakt zu den Ministern und den einflußreichen Personen bei Hofe.

Die Lektüre des ***Hortensius*** erweckt im 19jährigen Augustinus das „Streben nach der Weisheit". Diese „Bekehtung zur Philosophie" war auch CICEROs Absicht: sein Buch ist ein sog. *Protreptikos*.

Der amtierende Kaiser Valentinian II. war jedoch nur ein halbwüchsiger Junge von vierzehn Jahren. Die Amtsgeschäfte führten seine machtbewußte, arianische Mutter Justina und einige Senatoren. Als Augustinus als der neue Professor für Rhetorik eingeladen wurde, dem Kaiser eine Lobrede zu halten, sah er seine große Chance gekommen. Solche Reden fanden immer wieder statt. Es ging in ihnen natürlich nicht um Wahrheit, sondern um geschickte Schmeichelei und eine geistreiche Selbstdarstellung, die das Auditorium beeindrucken sollten. So war schon mancher in höchste Staatsämter vorgedrungen. Augustinus gab, krank vor Ehrgeiz, sein Bestes und löste Begeisterung aus. Nach der Rede ging er durch die Straßen Mailands und traf auf einen Bettler, dem er ein paar Münzen zuwarf und der sich über die gute Gabe riesig freute. Da spürte Augustinus, daß dieser Bettler im Grunde glücklicher war als er selber. Er selbst hatte gerade all seine Fähigkeiten dafür verkauft, durch Lügen, Halbwahrheiten und Schmeichelei Erfolg zu haben, und jetzt quälten ihn schon wieder die Angst und die Sorge,

„Ich dachte an Ehre, Reichtum und Ehe, und du verlachtest mich. An diesen Begierden erlitt ich die bitterste Beschwerde. Du aber warst mir um so gnädiger, je weniger du es duldetest, daß mir süß sei, was nicht du warst ... Es war meine Sünde, daß ich nicht in ihm, sondern in seinen Geschöpfen nach Freuden, Erhabenheiten, Wahrheiten suchte, und so stürzte ich kopfüber in Leiden" (Confessiones VI 6,9). „Du hast uns, Herr, auf dich hin geschaffen, und unruhig ist unser Herz, bis es ruhet in dir" (I 1,1).

den leeren Ruhm, den er erlangt hatte, zu verlieren. Irdische Ehre, Macht und Ämter, ja auch die Liebe, haben ihren Wert, wenn wir durch sie etwas Gutes tun und in der Wahrheit bleiben. Dann sind wir auch eins mit der Welt und, wie Plato schon sagte, „mit uns selbst befreundet". Falsche Freude, auf Lüge, Ehrgeiz und ungeordnete Begierde gegründet, ist keine Freude, sondern führt nur zu Selbstverlust, Unzufriedenheit und immer größeren Leiden.

In diesem Moment lag der Anfang einer neuen Erkenntnis, die seinen weiteren Lebensweg verändern würde. Jedes Streben nach Glück, im Großen wie im Kleinen, das Gott als die Quelle des Wahren und des Guten außer acht läßt, muß ins Unglück führen: „Du hast es so eingerichtet, Gott, daß jeder ungeordnete Geist sich selbst zur Strafe wird." In allem Guten, Wahren und Schönen suchen wir letztlich mehr, als jedes endliche Gut dieser Welt uns bieten kann. Wir suchen darin den Gott der Liebe als den unendlichen Ursprung alles Guten, Wahren und Schönen.

Ambrosius von Mailand

Den Anstoß zu dieser Erkenntnis, die ihn vom Skeptizismus befreite, war keine neue Theorie oder Weisheitslehre, sondern die Begegnung mit einem großen Heiligen: Ambrosius hatte wie viele begabte Männer aus römischem Adel schon früh ein hohes Staatsamt bekleidet und war zuerst Statthalter von Liguria und Aemilia. Auf Wunsch des Volkes wurde er 374 für das Bischofsamt der neuen Kaiserstadt Mailand vorgeschlagen und ging darauf ein, obwohl er damals noch gar nicht getauft war. Nizäner und Arianer standen unter den Christen Mailands gegeneinander, konnten sich aber auf den wohl überzeugten, jedoch ungetauften Ambrosius einigen. Ambrosius entschied sich nach seiner Wahl für den

Hl. Ambrosius, *339, Trier, Kirchenpolitisches, liturgisches und theologisches (z. B. *De officiis ministrorum*) Werk; großer Prediger und Bischof, Kirchenvater; † 397.

nizänischen Glauben, übernahm aber dann auch die von seinem arianischen Vorgänger geweihten Priester in seine Dienste. Ambrosius war kein Karrierist, sondern ein warmherziger und überzeugter Christ, der seine reichen Fähigkeiten als Aufgabe betrachtete, der Kirche, dem Staat und den Menschen zu dienen. Obwohl er in der Vorphase der Erhebung des Christentums zur alleinigen Staatsreligion viele staats- und kirchenpolitische Fragen von epochaler Bedeutung zu klären hatte und der kaiserlichen Verwaltung in den Kriegen der Völkerwanderungszeit und gegen kriegerische Usurpatoren zur Seite stehen mußte, war sein Amtszimmer weiterhin für jeden Menschen offen. Er kritisierte die Arroganz und Herzlosigkeit der Wohlhabenden genauso wie die Gier der kaltherzigen Geschäftemacher und das faule Herumlungern der Verwahrlosten.

Orthodoxie und Orthopraxie standen bei Ambrosius in erstaunlichem Einklang: Er kümmerte sich um die Durchsetzung und Vermittlung des nizänischen Bekenntnisses genauso wie um die Versorgung der Armen und die Wohlfahrtspflege. Der gebildete junge Mann mit tiefen Fragen war ihm genauso wichtig wie der Bettler oder der Mensch in seelischer Not. Er hielt überall Predigten und Vorträge, um die Häretiker und Schismatiker mit der Wahrheit zu überzeugen. Einmal ließ er sogar goldenes Altargerät einschmelzen, um Mitbrüder freizukaufen, die von den einfallenden Goten gefangengenommen worden waren. Die Kritik der Arianer wies er ab: „Besser, wir bewahren der Kirche die Seelen als das Gold! ... Denn es steht geschrieben: Ich hungerte, und ihr gabt mir zu essen!" (vgl. Kranz, S. 34 f.).

Augustinus hatte schon in Rom von ihm gehört und war sehr interessiert, diese eindrucksvolle Persönlichkeit kennenzulernen, die durch ihren Einfluß und ihre Ausstrahlung bei Arm und Reich bekannt war. Als neuernannter Professor stellte er sich gleich Ambrosius vor und war von dessen väterlicher Güte und Warmherzigkeit noch mehr beeindruckt als von seinem klugen Geist und seiner Bildung. Er faßte Verehrung und Liebe zu ihm. Gern hätte er mit ihm viele persönliche Gespräche über Glaubens- und Herzensdinge geführt, aber Ambrosius war von zu vielen Menschen umlagert, die in ihren Anliegen zu ihm kamen. Augustinus besuchte also seine öffentlichen Predigten und Vorträge und war beeindruckt: Hier ging es nicht bloß um geistreiche Rhetorik, sondern um Inhalte; nicht bloß um Sachwahrheiten, sondern um existentielle Fragen. Gerade die *allegorischen Auslegungen* der Heiligen Schrift erschlossen Augustinus einen neuen Zugang zur Bibel, die er als Manichäer immer für ein recht „ungereimtes Machwerk" gehalten hatte (vgl. Kranz, S. 33). So gelang langsam die Abkehr von dem durch Gnostiker, Neuplatoniker, Manichäer und Skeptiker in ihn hineingelegtes Vorurteil, das Christentum sei bloß ein Sammelsurium willkürlicher Geschichten ohne große Vernunft und Tiefe.

Allegorese (von griech.-lat. „Anderssagen"): Schriftauslegung durch verborgenen Glaubenssinn, einen der *vier Schriftsinne.*

Ambrosius hatte zuvor durch seine Klugheit und Rechtschaffenheit zwei große Erfolge errungen. Als Symmachus, der heidnische Stadtpräfekt von Rom, bei Kaiser Valentinian II. wieder Staatsgelder für die Fortsetzung der heidnischen Götterkulte forderte und die Wiederaufstellung der Siegesgöttin Victoria im römischen Senat beantragte, die vom Westkaiser Gratian zuvor entfernt worden war, wandte sich Ambrosius an den Kaiser. Genau trennte er die Wahrheits- und die Gewissensfrage: Die Heiden können Staatsämter bekleiden und persönlich weiter nach ihrer Überzeugung leben, aber sie dürfen nicht Christen zwingen, als Senatoren an heidnischen Götterkulten teilzunehmen. Die christliche Kirche diene durch ihre selbstfinanzierte Wohlfahrtspflege dem Gemeinwohl mehr, als es der teure, staatlich finanzierte heidnische Kult je möglich gemacht hat und möglich machen wird. Die kaiserliche Verwaltung wies daraufhin den Antrag des Symmachus ab.
Ambrosius war immer ein Verfechter der Gewissenfreiheit. Die Anwendung von Zwang, Repression und Strafe gegen Heiden und Häretiker lehte er ab. Die Verwendung von Staatsmitteln für die Förderung eines Kultes, den dessen Anhänger gar nicht selber aufrechterhalten wollen, bekämpfte er wohl zu Recht. Der Staat darf nicht das Niedrige fördern, das für das Ge-

meinwohl nichts tut, und das Höhere vernachlässigen. Ambrosius sah in der absoluten Freiwilligkeit der Glaubensentscheidung immer die Voraussetzung der Stärke der Kirche. Nur überzeugte Christen entwickeln die Kraft zu einem gedeihlichen und sozialen Wirken. Nur eine einige Kirche fördert auch die Einheit der Gesellschaft. Der Erhalt der Einheit der Kirche und die Verhinderung einer Abdrift in Spaltungen durch falsche und konfliktfördernde Irrlehren war für Ambrosius deshalb auch ein Anliegen von öffentlicher Bedeutung. Genauso wie später Augustinus im Umgang mit den Donatisten war auch Ambrosius vor das Problem gestellt, wie sich subjektive Glaubens- und Gewissensfreiheit vereinen lassen mit dem Einsatz der Staatsgewalt gegen Häretiker und Schismatiker.
Kircheneinheit ist also ein wichtiges Mittel zur Erhaltung der Reichseinheit; und umgekehrt ist die Reichsmacht im Ernstfall notwendig für den Erhalt der Kirche im Kampf gegen verstockte Fanatiker. Wenn sich auch die Christen schon intern wegen Glaubensspaltungen bekriegen und bürgerkriegsähnliche Zustände heraufbeschwören, dann würde das Imperium im Kampf gegen die einfallenden Barbaren gewiß unterliegen. Die Edikte der Kaiser Gratian und Theodosius gegen die Arianer von 379 bis 381 gingen auf den Einfluß des Ambrosius zurück. Die arianischen Kirchen wurden geschlossen und die Abhaltung öffentlicher Predigten verboten. Die Anwendung von brutalem Zwang oder gar Hinrichtungen wurde von Ambrosius jedoch verhindert.
Der überzeugende, rechtschaffene und charismatische Ambrosius hatte großen Einfluß auf den späteren Bischof Augustinus. Sein Verständnis von Macht und Autorität, seine Bestimmung des Verhältnisses von Staat und Kirche, von Gewissensfreiheit und Staatsmacht und von Religion und Gesellschaftspolitik hat seine Strategie und seinen Umgang mit dem Donatisten-Problem in Nordafrika vorbereitet und geprägt. Religion ist keine bloße Privatsache. Wahre und richtige Religion fördert den sozialen Frieden, die Wohlfahrt, die soziale Gerechtigkeit, und begründet eine gute Ethik, auf die Staat und Gesetz angewiesen sind. Falsche Religion und religiöser Fanatismus hingegen

können Staat und Gesellschaft schwer beschädigen und gar zerstören. Glaube führte bei Ambrosius nicht zu Privatismus und Weltflucht, sondern zu konsequenter und überlegter Mitgestaltung von Politik, gesellschaftlichem Leben und Rechtsordnung in christlichem Geist. Ihm ging es nicht um Macht und persönlichen Erfolg, sondern um das Gute und Wahre. Seine Unfähigkeit, sich berechnend und schmeichlerisch den Mächtigen anzudienen, und sein Mut, sich auch gegen die Spitzen der Gesellschaft und die Träger der Macht zu stellen, sie zu mahnen und zu kritisieren, auch wenn seine persönliche Freiheit, sein Stand und sein Ansehen auf dem Spiel standen, machten ihn glaubwürdig und beeindruckten viele Menschen. Augustinus gewann hier ein Vorbild, dem er dann als Bischof nacheifern konnte. Später lobte er Ambrosius' Schrift „Über die Pflichten der Männer im Kirchendienst" (lat. siehe Randnote S. 70), in der sein Lehrer geschrieben hatte: „Ruhmvolle Tapferkeit beruht nicht bloß in der Körperkraft und den Armmuskeln, sondern mehr noch in der Kraft der Seele. Und das Gesetz für diese Kraft lautet: Nicht Unrecht tun, sondern ihm wehren. Denn wer nicht von seinen Mitmenschen Unrecht abwehrt, wenn er kann, ist ebenso schuldig wie jener, der es begeht" (nach Kranz, S. 36f.).

Solche Tapferkeit wurde Ambrosius auch wieder abverlangt, als 385 in Mailand der *Mailänder Kirchenstreit* begann. 381 war auf dem Konzil von Konstantinopel der nizänische Glaube an den dreifaltigen Gott mit dem großen Glaubensbekenntnis abgeschlossen und die Arianer verurteilt worden. Kaiserliche Edikte entzogen den Arianern die Kirchengebäude. Mailand war durch Ambrosius eine rein katholische Stadt geworden, alle Kirchen waren in katholischer Hand. Die kaiserliche Familie hing jedoch dem Arianismus an. Justina, die eigentliche Regentin und Mutter des halbwüchsigen Kaisers Valentinian II., war seit ihrer Zeit in Illyrien arianisch beeinflußt und intrigierte schon damals gegen die Vertreter des Trinitätsglaubens, ohne jedoch das Konzil zu Nizäa verhindern zu können. Als Justina deshalb in Bedrängnis geriet, bot ihr Ambrosius aus Respekt vor ihrem subjektiven Gewissen diplomati-

sche Hilfe an. Nach der Machtübernahme hielt sie sich aus Dankbarkeit zunächst äußerlich zurück, ohne aber innerlich ihre Meinung zu ändern. Dann faßte sie den Entschluß, das Rad mittels politischer Macht zurückzudrehen. Sie veranlaßte ihren Sohn, im Kronrat den Beschluß durchzusetzen, daß eine katholische Kirche dem Hof zur Abhaltung arianischer Gottesdienste übereignet werden sollte. Nach ihrer Auffassung stand der Kaiser über dem Gesetz. Also konnte auch die Einheit der Kirche, durch Konzil und staatliches Edikt gesichert, für die Person des Kaisers und seine Familie wieder aufgehoben werden.
Als Ambrosius zum kaiserlichen Hof zitiert wurde, um den Befehl zur Übergabe der Kirche zu erhalten, rotteten sich die Gläubigen zusammen, zum Schrecken von Justina. Sie standen hinter ihrem Bischof und protestierten lautstark gegen die Gewaltanwendung des Kaisers. Während im Palast ergebnislos verhandelt wurde, versuchten die Prätorianer draußen die tobende Menge zu vertreiben, aber ohne Erfolg. Zugleich weigerte sich Ambrosius, dem Befehl zu gehorchen: Man muß Gott mehr gehorchen als den Menschen. Kein Mensch, auch nicht ein Bischof, darf preisgeben, was Gott gehört. Auch darf kein Kaiser das beanspruchen, was ihm nicht gehört, sondern der höchsten Gewalt. – Das war ein neues Denken. Eingeschüchtert durch den entschiedenen Bischof und den öffentlichen Tumult gab die kaiserliche Verwaltung auf und versprach Ambrosius, keine Kirche anzutasten. Daraufhin beruhigte der Bischof das Volk; ihm war aber klar, nun selbst beim Hof endgültig in Ungnade gefallen zu sein. In der Karwoche holte Justina zu einem neuen Schlag aus: Eine Gruppe hoher Beamter erteilte Ambrosius den Befehl, die neue Basilika zu übergeben und durch sein öffentliches Wort Unruhen zu untersagen. Gleiches forderten der Präfekt und seine Begleitung von ihm sogar während eines Gottesdienstes in der Kirche, was wieder Tumult verursachte. Unerschütterlich erklärte Ambrosius, ein Tempel Gottes könne von einem Bischof nicht ausgeliefert werden. Danach griff Justina zur Gewalt: Ihre Leibgarde sollte die Basilika beschlagnahmen und mit kaiserlichen

Wimpelschnüren umhängen. Aber das Volk besetzte die Kirche und weigerte sich, den Soldaten die Türen zu öffnen. Alle Drohungen mit Geldstrafen und Verbannung nutzten nichts. Ambrosius versuchte zwar, Ausschreitungen und Widerstand gegen die Staatsgewalt zu verhindern, rechnete jedoch mit seiner Verbannung. Aufgrund des Rates seiner Beamten, die sahen, daß Anarchie drohte und das Ansehen der kaiserlichen Familie noch weiter absank, brach Valentinian auch diesen Kampf wieder ab. Den versöhnlichen Besuch eines katholischen Gottesdienstes verweigerte er aber hartnäckig. Mit kleinen Mitteln war eine Restitution des Arianismus wohl nicht möglich. Man ließ ein paar Monate ins Land gehen, dann erschien ein kaiserliches Edikt, alle Gotteshäuser des Imperiums sollten den Arianern übergeben werden. Zuwiderhandelnden wurde mit Geldstrafe und sogar mit Tod gedroht. In Mailand stellte man einen arianischen Gegenbischof auf und versprach jedem eine Belohnung, der sich von Ambrosius trennte und zu jenem überlief. Dieser Versuch, mit staatlicher Gewalt den Arianismus durchzusetzen, scheiterte jedoch schon im Anfang: Die Menschen hielten zu Ambrosius, seine Amtsbrüder stellten sich im März 386 klar auf seine Seite; zu einer Durchsetzung des Ediktes außerhalb von Mailand kam es gar nicht mehr. Der letzte Versuch, Ambrosius zu Fall zu bringen, war ein kaiserliches Schiedsgericht, auf dem zwischen ihm und seinem arianischen Gegner entschieden werden sollte. Ambrosius reagierte darauf öffentlich mit der Erklärung: Die Kirche ist eine Gemeinschaft eigenen Rechtes; sie steht nicht unter der Gewalt des Staates. Der Kaiser kann nicht über Glaubensfragen bestimmen, sondern nur ein Konzil. Der Staat kann zwar weltliches Eigentum der Kirchen konfiszieren, aber keine Gotteshäuser. Man muß dem Kaiser geben, was dem Kaiser gebührt, aber Gott, was Gott gebührt. Als getaufter Mensch ist der Kaiser in der Kirche, nicht über der Kirche; er ist in Glaubensfragen auch der Autorität der Hirten unterstellt. Solche Aussagen, in von Soldaten verbarrikadierten Kirchen den Menschen vorgetragen, waren eine Neuheit und eine Provokation: Ambrosius trat ein für eine Begrenzung der staatlichen Macht, für objektive Menschen- und Bürgerrechte, und – revolutionär – für eine Unterordnung des Kaisers unter das Gesetz und die Moral. Rechtssicherheit sollte unterschiedslos für alle gelten, für Christen und für Heiden, für Mächtige und Ohnmächtige, für Reiche und für Arme. Diese Praxis hatte Ambrosius selber immer vorgelebt.

Die moralische und charismatische Autorität des Bischofs siegte auch diesmal: Er hielt öffentliche Predigten und forderte die Menschen des Nachts zum Mitsingen von Psalmen, Chorälen und selbstverfaßten Hymnen im orientalischen Stil auf. Dies löste Begeisterung aus und zog immer mehr Menschen an. Auch Monika, die als Witwe zu ihrem Sohn gezogen war, und (später auch) Augustinus gehörten dazu. Diese spirituelle Erfahrung war wohl einer der entscheidenden Anstöße, die Augustinus auf den Weg zum Christentum führten. Die Hymnen des Ambrosius sang er später immer wieder. Durch Ambrosius' Glaubwürdigkeit und Mut siegte die Kirche über den Staat. Später würde Augustinus in *De civitate Dei* schreiben, die Kirche sei eine Gemeinschaft anderen Ranges und anderer Art als der Staat (vgl. Kranz, S. 45 f.).

Ambrosius verteidigte damit nicht nur die Kirche und den Glauben, sondern stellte auch die von Cicero und Seneca begründeten, alten Grundideen des römischen Rechtes und die alte römische Staatsauffassung wieder her, die durch den Despotismus und die Willkür der Soldatenkaiser pervertiert worden waren. Das Römische Reich, durch Dekadenz, Willkür, Despotismus und Agnostizismus ruiniert, konnte sich offensichtlich selbst nicht mehr heilen. Dies konnte – wenn überhaupt – nur noch die Kirche durch ihren Glauben und ihre Moral. Sie ist die neue *civitas dei;* das *Imperium Romanum* als *civitas mundi* würde nur überleben, wenn es sich von dieser *civitas dei* prägen und umgestalten läßt, oder es würde untergehen. „Eine große Stadt ersteht, die vom Himmel niedergeht in die Erdenzeit. Mond und Sonne braucht sie nicht; Jesus Christus ist ihr Licht, ihre Herrlichkeit."

Dieses beliebte **Kirchenlied** mit dem Text **von Silja Walter** aus dem Jahr 1966 findet sich in: *Gotteslob. Katholisches Gebet- und Gesangbuch,* 1975, Nr. 642. Das Gesamtwerk der 1919 geb. Dichterin und Benediktinerin erscheint in Fribourg (CH), hrsg. von Ulrike Wolitz.

Nimm und lies! - Neues Leben

Im hl. Ambrosius begegnete Augustinus ein Glaube, der nicht nur Weltflucht und Schöngeisterei war, sondern weltgestaltend und praktisch. Eine Hoffnung, die nicht nur aus Theorien bestand, sondern in einer Beziehung gründete. Eine Religion, die nicht nur aus Aberglaube, Astrologie, Esoterik und ängstlicher Verehrung amoralischer Götter bestand, sondern in der Gemeinschaft mit einem guten und liebenden Gott, die in Spiritualität und Gnade einen besseren Menschen und damit auch eine menschlichere Welt hervorbrachte. Demgegenüber kam ihm alles, worauf er bisher gebaut und vertraut hatte, wie Schall und Rauch vor: Die geistreiche Selbstdarstellung der Rhetorik befriedigte zwar den Geist, ließ das Herz aber leer, die Doppelmoral des Manichäismus war zwar leichtlebig, aber doch unglaubwürdig und berechnend. Die Weisheit der Akademiker machte arrogant, der Neuplatonismus des Plotin machte weltflüchtig, und alle zusammen brachten im Grunde kein Programm für eine bessere Welt hervor.

Die alten Vorurteile gegen das Christentum, von den Akademikern und der Gnosis erweckt, waren jedoch aus Augustins Denken noch nicht verschwunden. Große neuplatonische Gelehrte wie z. B. Victorinus traten zum Christentum über und nahmen in der letzten Christenverfolgung unter Kaiser Julian Apostata lieber den Verlust ihrer Professur in Kauf, als ihren Glauben zu verleugnen. Das erweckte Eindruck. So naiv konnte das Christentum nicht sein, wie Augustinus vorher gedacht hatte! Er las nun die neuplatonischen Schriften und erkannte eine geistige Verwandtschaft, die ihm die geistige Tiefe des Christentums spüren ließ: Der Glaube steht gar nicht gegen die Vernunft, sondern erfüllt und vollendet sie. Das Christentum bot genau das, was die Philosophie nie erreichen und nie bieten konnte: Die Beziehung zu einem personalen Gott der Liebe, der mehr war als nur ein in sich selbst ruhendes *hen theion*.

Der Kampf des alten mit dem neuen Menschen

Augustinus besuchte nun oft die Kirche und las die Bibel. Von der neuen Wahrheit war er tief bewegt und fasziniert. Der Überzeugung nach war er jetzt Christ geworden. Trotz aller neuen Erkenntnis fehlte ihm aber der Wille und der Mut zu einer Entscheidung und zu einem mutigen Schritt in ein neues Leben. Er hörte durch den Hofbeamten Ponticianus von Antonius dem Mönchsvater und dessen Entscheidung, alles zu verlassen und in der Wüste ganz für Gott zu leben; er sah in Mailand viele junge Leute, die plötzlich Ehe, Besitz- und Karrierestreben aufgaben, ein neues Leben begannen und in geistlichen Gemeinschaften arm und enthaltsam lebten. Das christliche Ideal war ihm schon lange von seiner Mutter Monika bekannt und wurde ihm nun von Ambrosius wieder neu und überzeugend vorgelebt. Als junger Mann hatte er sich für Distanz zum Glauben entschieden, weil er frei leben und Karriere machen wollte. Jetzt, als über Dreißigjähriger, traute er sich nicht mehr zu, die neuen Ideale wirklich leben und sein Leben ändern zu können. Wenn er jetzt Christ würde und sich taufen ließe, dann müßte er sein Karrierestreben aufgeben und seine Konkubine verlassen. Er schämte sich sehr, daß er von den alten Leidenschaften, an die er sich gewöhnt hatte, nicht lassen konnte, und wurde mutlos.

Es fehlte ihm nicht an Einsicht und Überzeugung, aber er spürte, daß er so, wie er geworden war, das Erkannte nicht mehr ganz wollen und das Alte nicht lassen konnte: „Der neue Wille aber, der sich in mir regte, dir um deinetwillen zu dienen, Gott, und dich zu genießen, du einzig sichere Lust, der war noch nicht stark genug, den alten, durch lange Gewohnheit stark gewordenen zu überwinden. So stritten zwei Willen, ein alter und ein neuer, ein fleischlicher und ein geistiger miteinander, und ihr Zwiespalt zerriß meine Seele.“ Erkennen und Verstehen ist noch nicht Wollen, und Wollen ist noch nicht Tun. Tun ist noch nicht Beibehalten. Gerade jetzt, als ihn eine neue Wahrheit faszinierte, spürte er die Macht des Alten, die ihn festhielt und unfrei machte. Der alte Mensch suggerierte ihm, daß er ohne die alte Lust, an die er sich gewöhnt hatte, nicht leben könne. So begann Augustinus, unfähig zu einer Entscheidung, das Ganze eine längere Weile aufzuschieben. Diese Selbsterfahrung machte ihn später gegen die Pelagianer und Gnostiker zu einem starken Verfechter des Primates der Gnade: Offenbarung und Erlösung sind nicht nur eine geistige *Anleitung,* sondern eine *Heilung* des inneren Menschen. Sünde entsteht nicht nur aus und führt nicht nur zu Irrtum, sondern auch zur *Konkupiszenz:* zu Abhängigkeit und Freiheitsverlust durch unredliche Begierde. Der Mensch ist aus eigenem Willen nicht mehr gänzlich frei zum Wahren und Guten. Am Anfang eines neuen Lebens steht die erwählende und heilende Gnade Gottes, die den Menschen erst frei macht und zur Antwort in Leben und Tun befähigt.

Zu dieser Erkenntnis führten ihn auch die Lektüre der Paulusbriefe und der Geschichte des Wüstenvaters Antonius (zu der ihn sein Landsmann Ponticianus, der ihn Mitte August 386 besuchte, anregte): Beide hätten ihren radikalen neuen Weg der Christusnachfolge niemals aus eigener Kraft allein erzwingen können, sondern nur in und mit der erwählenden und heilenden Gnade Gottes (vgl. Confessiones VIII 6,14 f.). In der Erfahrung der eigenen Schwäche und Würdelosigkeit war er ihnen gleich, zu ihrem Vertrauen in die helfende Gnade Gottes mußte und wollte er nun kommen. So sah er jetzt auch die vielen jungen Menschen anders, die mit ihrem alten Leben brachen und ein neues Leben im Glauben begannen: „Du willst nicht können, was diese Männer und Frauen vermochten? Vermögen sie es etwa aus eigener Kraft? Ist nicht vielmehr Gott in ihnen wirksam? Was stellst du dich auf dich selbst und hast doch keinen festen Stand? Wirf dich auf den Herrn und fürchte dich nicht; er wird nicht ausweichen und dich zu Fall bringen; wirf dich unbesorgt auf ihn, er wird dich auffangen und heilen!"

Bildung und Wissen, Erkennen und Einsicht, Moral und Ethos sind nicht alles. Am Beginn eines neuen Weges stehen eine personale Erwählung und eine gnadenhafte Berufung durch Gott, durch die wir merken, daß wir als wir selbst von Gott gemeint sind. So allein können wir aus dem lähmenden Selbstvertrauen zum Gottvertrauen gelangen. Wir sind nicht allein unsres Glückes Schmied. Diese Berufung, auf die er antworten konnte, stand aber noch aus. Wie sollte sein Weg aussehen? Er konnte Karriere in Staatsämtern machen, wie viele andere Christen auch. Er konnte heiraten oder Mönch werden. Was wollte Gott für ihn? – Er wartete. Eines Tages, aufgewühlt vom Bericht des Ponticianus, saß Augustinus im Atriumgarten seines Hauses, als er plötzlich eine Kinderstimme hinter der Gartenmauer hörte: *„Tolle, lege; tolle, lege"... Nimm und lies, nimm und lies!* Er blickte umher, sah aber niemanden. Dann sah er seine Ausgabe der Paulusbriefe daliegen. Er griff nach ihnen und schlug sie auf. Der erste Vers, den er sah, sollte seine Lebensregel sein: „Schluß mit den Schlemmereien und Trinkgelagen! Schluß mit Geschlechtslust und Unzucht! Schluß mit Zank und Neid! Zieht vielmehr den Herrn Jesus Christus an und pflegt das Fleisch nicht zur Erregung der Lust!" (Röm 13,13–14; Confessiones VIII 8,19).

In diesem Vers sah der 32jährige Augustinus seinen alten Menschen beschrieben, aber auch den neuen, der durch Gottes Gnade und Berufung entstehen sollte. Das war sein Weg, für den ihn die Gnade Gottes bestimmt hatte! Die innere Unzufriedenheit, Angst und Unruhe legten sich. Wenn Gott es will und er selber mit ihm, dann würde es gelingen! Seine Bekehrung war schnell, mutig und radikal: Zuerst teilte er seinen Entschluß seiner Mutter Monika und seinem Freund Alypius mit. Dann entließ er seine zweite Mätresse, kündigte seine Verlobung mit der jungen Frau, die er nach dem Willen seiner Mutter hätte heiraten sollen, und gab seine Professur auf. In der nächsten Osternacht wollte er die Taufe empfangen und dann mit gleichgesinnten Freunden eine geistliche Gemeinschaft gründen. Zur Einsamkeit und zum Eremitentum eines Antonius zog es ihn nicht. Das war nicht das Seine und würde es auch nie sein. Zeit seines weiteren Lebens suchte er geistige Freundschaft und pflegte seelischen und geistlichen Austausch (vgl. Kranz, S. 52 f.). Augustinus gehört zu den Entdeckern jener Spiritualität der Freundschaftsliebe *(amicitia)*, die er im Le-

ben Jesu mit seinen Jüngern begründet sah und in der er einen Wesensbestandteil der Kirche als Gemeinschaft des Heils erkannte. Gott hat uns miteinander und füreinander erschaffen. Er erlöst uns auch nicht allein, sondern im Miteinander der Kirche, in der jeder Begnadete auch konsekutiver Mitarbeiter Gottes zum Heile anderer sein kann.
Zuvor hatte er öfter erklärt: Ohne eine Frau könne er nicht leben. Jetzt erkannte er in der geistlichen Freundschaft und Gemeinschaft das neue Höhere, das seine bisherige Frauenliebe und seinen alten, unseligen Drang nach Karriere und öffentlichen Ämtern ersetzen konnte.

Mönch, Privatmann und Gelehrter

Schon früher hatte er Freunde zu sammeln versucht, um mit ihnen eine Philosophen-Gemeinschaft zu gründen, aber dies war immer am Beziehungsleben und an den öffentlichen Ämtern und Aufgaben seiner Kollegen gescheitert. Jetzt öffnete sich plötzlich ein neuer Weg: Einer seiner Freunde stellte ihm das Landgut *Cassiciacum* nördlich von Mailand zur Verfügung, um dort eine christliche Gemeinschaft zu gründen. Im Herbst 386 zog er mit seiner Mutter, seinem Sohn, Alypius und einigen anderen Freunden dorthin. Ambrosius gab ihm Schriften mit, die er bis zu seiner Taufe studieren sollte. Diese familiäre Gemeinschaft mit Gleichgesinnten erfüllte in bisher nie gekannter Weise seine Bedürfnisse nach Freundschaft, Vertrautheit, philosophischem Gespräch und gemeinsamem Streben zu immer tieferer Erkenntnis der göttlichen Offenbarung, die er jetzt als jene höchste Wahrheit erkannt hatte, die alles Erkennen übersteigt. Das gemeinsame Suchen und Denken erweckte auch neu seinen pädagogischen Eros und sein Schriftstellertum. Aus den Gesprächen des Winters 386/387 sind seine ersten großen Schriften hervorgegangen: *De beata vita* (Vom glückseligen Leben), die *Soliloquia* („Alleingespräche"), und *De immortalitate animae* (Über die Unsterblichkeit der Seele). Weltflucht und Askese, Buße und Kasteiung gehörten von Anfang nicht zu den Idealen augustinischen Mönchtums; vielmehr legte Augustinus Wert auf Freiheit zu Gebet, Betrachtung, Studium und Gespräch. Wie die urchristlichen Gemeinden teilte man allen Besitz, um sich in gegenseitiger Verantwortung dem geistlichen Leben widmen zu können. Persönliche Armut und Distanz zur Welt waren nicht Selbstzweck, sondern nur Voraussetzung für das Leben einer auf Gott gegründeten Gemeinschaft, in der das philosophische Leben eines Sokrates, eines Plato und eines Plotin verbunden werden konnte mit der Spiritualität einer christlichen Gemeinschaft.

Viele Schriften dieser Frühzeit sind jedoch geprägt von dem für Neubekehrte typischen Radikalismus: Gott und die Seele zu erkennen verlange er, und sonst nichts! Alle irdischen Güter sind nur vergänglicher Schall und Rauch. Gott allein genügt! Er allein ist um seiner selbst willen zu lieben, alles andere habe nur Wert, wenn es tiefer zu Gott führe. Es mag sein, daß hier noch einige neuplatonische und manichäische Ideale einfließen. Historisch wurden diese frühen Schriften oft verabsolutiert und inspirierten in der Neuzeit den Moralrigorismus, die Leibfeindlichkeit des Calvinismus, des Jansenismus und des protestantischen Puritanismus (vgl. Kranz, S. 55) Verglichen mit seinem praktischen Leben und seinen späteren Schriften sieht dies aber ganz anders aus: Nach dem Vorbild seines Bekehrers Ambrosius war Augustinus immer pragmatisch, weltzugewandt und menschennah. Moralischer Rigorismus war ihm zudem aufgrund seiner eigenen Lebenserfahrung immer fern. Gerade in seinen Spätwerken wandte er sich wieder geradezu euphorisch der Schönheit der Welt, der Kunst und der Architektur, der Musik und der Dichtung zu, und pries sogar die Schönheit des menschlichen Leibes und die „wunderbare Geschlechtskraft“ (vgl. Kranz, S. 56 bzgl. De civitate Dei XXII 24) In der Frühphase überschattete wohl zunächst der Ekel vor seinem eigenen Mißbrauch den Blick für die Schönheit und Gutheit selbst noch der erbsündlich gezeichneten Schöpfung.

Otto Karrer (1888–1976) wunderte sich: „Und wie seltsam, daß gerade er über die Schönheit des menschlichen Leibes, die Harmonie der Teile im Ganzen und ihre Zweckmäßigkeit eine Betrachtung von solcher Unbefangenheit schreiben konnte (im Gottesstaat, XXII 24), daß ein Leonardo da Vinci sie als Text zu seinen anatomischen Studien hätte verwenden können“ (*Augustinus, Die Unruhe zu Gott*, Textausw. m. Kurzbiogr. v. Otto Karrer, 2000, S. 80).

Im Frühjahr 387 reiste Augustinus mit seinem Sohn Adeodatus nach Mailand, um mit ihm in der Osternacht durch Ambrosius getauft zu werden. Auf dem Weg zurück in seine Heimat Thagaste in Numidien starb seine Mutter Monika in seinen Armen und wurde in der Hafenstadt Ostia begraben. Sie hatte erreicht, was sie Jahrzehnte ersehnt und erbetet hatte, und konnte nun gehen. Nach kurzem Aufenthalt in Rom verließ Augustinus Italien und kehrte in sein nun leerstehendes Elternhaus in Thagaste zurück. Dort gründete er bald eine zweite Gemeinschaft nach dem Vorbild seiner ersten in Cassiciacum. Er verbrachte dort die wohl glücklichste und problemloseste Zeit seines Lebens und verfaßte, frei von Ämtern und anderen Aufgaben, wieder neue Bücher: *De quantitate animae, De libero arbitrio, De magistro* und *De musica;* ab 390 gegen die Manichäer *De vera religione* und *De utilitate credendi.* Leider starb 389 sein sechzehnjähriger Sohn Adeodatus, der ihm auf dem Weg in den Glauben gefolgt war und durch seine Intelligenz und seinen guten Charakter immer viel Freude bereitet hatte. Kaum hatte er diesen Schlag überwunden, endete auch schon sein friedliches Privatleben, an das er sich gut hätte gewöhnen können.

Sero te amavi - Priester wider Willen?

„Sero te amavi, pulchritudo tam antiqua et tam nova, sero te amavi" – „Spät habe ich dich geliebt, du Schönheit, so alt und doch so neu, spät habe ich dich geliebt" (Confessiones X 27,38).

392 wurde der arianische Kindkaiser des Westreichs, Valentinian II., ermordet und der neue Herrscher Theodosius (bis 395) wollte nun mit aller Macht die Häretiker bekämpfen und den nizänischen Glauben im ganzen Reich durchsetzen. Neue Edikte belegten alle Häretiker mit schweren Geldstrafen. Mehr als dieser bloß äußere Druck sollten aber Argument und Überzeugungskraft wirken: Augustinus, als glänzender Rhetoriker und Philosoph in seiner Heimat nach wie vor bekannt, wurde in diese Auseinandersetzungen bald hineingezogen. Er disputierte öffentlich mit dem Manichäer Fortunatus und verfaßte zur Bekämpfung des religiösen Miß-

brauchs zahlreiche neue Werke: *De duabus animabus,* die *Enarrationes in psalmos* und *De fide et symbolo.* Als Augustinus schon 391 zur Beratung einiger Beamter nach Hippo Regius gekommen war, fiel er einigen Gemeindemitgliedern als großer Geist sofort auf. Der alte Bischof Valerius suchte ja schon länger nach Unterstützung durch einen jungen und begabten Priester mit Glaube, Bildung und Argumentationskraft. Eine solche Chance würden sie nie wieder bekommen: Sie schleppten ihn zu Valerius. Augustinus wehrte sich: Er sei nicht würdig für ein Amt! Sie deuteten dies nur als falsche Bescheidenheit und beruhigten ihn: Priester allein sei für ihn gewiß zu wenig, aber Bischof würde er sicher bald werden! Aller Widerstand nutzte nichts, Valerius legte ihm spontan die Hände auf und weihte ihn zum Priester.

Obwohl er dies alles selber gar nicht gewollt hatte und lieber Privatmann, Schöngeist und Literat geblieben wäre, sah er darin den Willen Gottes und stellte – wie einst sein Lehrer Ambrosius auch – sein ganzes Leben um. „Ich fühle mich wie jemand, der nicht einmal rudern kann und doch zum zweiten Steuermann ernannt worden ist!“ schrieb er an Valerius.

Hippo Regius war nur eine kleinere Provinzstadt. In ihr gab es nicht nur Juden, sondern auch noch viele Heiden. Unter den Christen hatten die Donatisten die Mehrheit und besaßen eine große, prächtige Kathedrale. Die Bischofskirche der Katholiken war kleiner und relativ bescheiden. Augustinus nahm seine pastoralen Aufgaben von Anfang an sehr ernst. Den ganzen Tag arbeitete er nach dem Vorbild des Ambrosius für die Menschen, hielt Gottesdienste und Predigten und nahm sich der Ratsuchenden und Hilfsbedürftigen an. Die Abende und Nächte widmete er dem Schrifttum und der Wissenschaft. Dies blieb so bis zu seinem Lebensende. Oft begab er sich auf Reisen, um an Synoden, Konferenzen und Diskussionen teilzunehmen. Dadurch gewann er großen Einfluß auf die Kirchenpolitik Nordafrikas und der ganzen Weltkirche; ja er wurde durch sein Charisma, seine Rednergabe und sein Wissen zu einer ihrer wichtigsten, gestaltenden Führungspersönlichkeiten.

Und ach, alle lieben!
– Bischof für die Menschen

Fünf Jahre wirkte Augustinus in Hippo Regius als Priester und Seelsorger. Dann starb im Jahre 396 der alte Bischof Valerius. Daß Augustinus und nur er sein Nachfolger werden mußte, war für alle keine Frage. Weitere 34 Jahre, bis zu seinem Tode im Jahre 430 übte Augustinus dieses Amt aus.
Mit Überzeugung und Gottvertrauen überwand er seine Schüchternheit, Nervosität und Sensibilität und widmete sich unermüdlich dieser neuen Aufgabe, obwohl er immer wieder mit körperlicher Schwäche, Magenschmerzen und Atemnot zu kämpfen hatte. Seiner Gestalt fehlte alles Imposante: Er war klein, mager und kahlgeschoren; aber seine Rednergabe und sein Charisma schlugen die Menschen in den Bann. Er predigte nun fast täglich, oft mehrere Stunden. Es ging ihm, dem Rhetoriker, nun nicht mehr um selbstgefällige Schöngeisterei und Selbstdarstellung, sondern um die Wahrheit, um existentielle Tiefe und um einfühlsame Volkstümlichkeit. Er sprach jetzt schlicht, ohne oberflächlich zu sein. Hatte Jesus Christus nicht, wie von Matthäus und Lukas berichtet, gesagt: „Ich preise dich, Vater, Herr des Himmels und der Erde, daß du all das den Weisen und Klugen verborgen, den Unmündigen aber offenbart hast!" (Mt 11,25; Lk 10,21)? So hatte er es im eigenen Leben und seiner Lebensgeschichte erfahren: Glaube ist nicht nur Weisheit und Wissen, sondern eine spirituelle Beziehung. Da ihm selber das Herz voll war, ging ihm der Mund über, und er sprach in einer Art, die alle verstehen konnten und allen etwas gab: Den Großen und den Kleinen, den Armen und den Reichen, den Sklaven und den Freien, den Gebildeten und den Ungebildeten. Vorher hatte er die kleinen Leute immer verachtet, jetzt sah er in jedem Menschen, auch dem einfachsten und vulgärsten, die unsterbliche Seele, die Christus erlöst hatte und die der Botschaft des Heiles bedurfte (vgl. Kranz, S. 63).

Jede Seele hat einen unendlichen Wert – auch und gerade die Unmündigen, die Sünder und die Verlorenen. So hatte er es selbst erlebt: Gott hatte ihn gesucht, noch bevor er ihn gesucht hatte und finden wollte. Auf Zwischenrufe und Einwände der Hörer reagierte er freundlich und doch schlagfertig. Es freute ihn, wenn sein Wort zum Nachdenken brachte und die Menschen ihm offen ihre Meinung sagten. Auch den Kritikern blieb er zugänglich und bekehrte damit mehr Menschen, als es staatlicher Zwang und äußere Macht je hätten erreichen können. Aus diesen Erfahrungen entstand seine Predigtlehre „Über die christliche Wissenschaft". Um die 500 Predigten sind bis zum heutigen Tage in Nachschriften erhalten.

So schrieb Augustinus später in den *Confessiones:* „Sero te amavi ..." – „Spät habe ich dich geliebt, Schönheit ... Du warst drinnen und ich war draußen, und dort draußen suchte ich dich, und mißgestaltet warf ich mich der Wohlgestalt in die Arme, die du geschaffen. Du warst in mir, und ich war nicht bei dir" (X 27,38).

Volksnähe ist etwas ganz anderes als Schmeichelei und Liebedienerei gegenüber den Mächtigen, wie er es vorher immer gemacht hatte. Gewiß: Man darf den Menschen die Wahrheit nicht wie einen Stock um die Ohren hauen, sondern man muß sie ihnen wie einen Mantel hinhalten, so daß sie ihn anziehen können. Aber einen doppelzüngigen Kompromiß hinsichtlich der Wahrheit machen muß man nicht. Der Wille und die Fähigkeit zur Wahrheit sind in jedem Menschen. Und nur die Wahrheit macht froh und frei. Augustins neues Prinzip war: Gerechtigkeit in der Liebe, und Liebe in der Gerechtigkeit. Finanz-, Immobilien- und Verwaltungsarbeit überließ er gleich einem Buchhalter. Als christlicher Platoniker legte er Wert auf ästhetischen Kirchenneubau, schönes liturgisches Gerät, sakralen Gesang und Kirchenmusik. Aber er wollte nicht, daß dies alles unverstandener Selbstzweck wurde, wie in den Kulten des alten Polytheismus. Alles religiöse Tun, in Ritus, Gebärde und Kultform ist *Symbol,* d. h. äußerlicher Ausdruck einer inneren Haltung und Gesinnung, die man innerlich verstehen und mitvollziehen muß. So verwendete er viel Zeit dafür, den Gläubigen den Sinn und Ausdruck der Symbole zu erklären und sie aufzufordern, das, was sie feiern, auch im Leben zu verwirklichen: „Gott sucht nicht Menschen, die seine Zeichen malen, sondern solche, die sie ausführen!"

In einer seiner Predigten beschrieb er einmal die Aufgaben eines Bischofs und Seelsorgers. Für manche wäre eine solche Darstellung eine fromme Selbstüberhöhung, aber bei Augustinus kann man darin durchaus eine Beschreibung nicht nur seines Selbstanspruches, sondern auch seines Lebensalltags sehen: „Unruhestifter zurechtweisen, Kleinmütige trösten, sich der Schwachen annehmen, Gegner widerlegen, sich vor Nachstellern hüten, Ungebildete lehren, Träge wachrütteln, Händelsucher zurückhalten, Eingebildeten den rechten Platz anweisen, Streitende besänftigen, Armen helfen, Unterdrückte befreien, Gute ermutigen, Böse ertragen, und ach: alle lieben! Immer wieder predigen, disputieren, ermahnen, erbauen, für jeden bereitstehen – das ist eine große Last, ein schwerer Druck, ein mühseliges Werk. Niemand kann sich mehr danach sehnen als ich, von Sorgen und Mühen frei zu sein. Denn nichts ist besser, nichts angenehmer als fern von jedem Lärm die göttlichen Schätze zu durchforschen. Aber das Evangelium schreckt mich davon ab." Fortwährende Gespräche über Alltagsangelegenheiten und Sachprobleme füllten seinen Tag; in unendlicher Geduld schrieb er Tausende von Briefen über Belanglosigkeiten und Banalitäten, die ein Gebildeter wie er auch hätte ablehnen können. An der Sache gemessen wären solche Dinge in der Tat nur Kleinigkeiten gewesen, aber Augustinus sah dahinter den Menschen und den Wert seiner Seele. Einmal zitierte er den Satz des Terenz und bezog ihn auf sich selbst: „Ich bin ein Mensch und nichts Menschliches ist mir fremd."

Theologie des Nachts

Es ist erstaunlich, wieviele wissenschaftliche Werke ein so vielbeschäftigter Mann wie Augustinus in langen Nächten noch abfassen konnte: Im Laufe der Jahre entstanden langsam seine enzyklopädische Wissenschaftslehre *De doctrina christiana,* die anderen Priestern bei der Verkündigung helfen sollte, seine drei Genesis-Kommentare, seine dogmatische Gotteslehre *De Trinitate,* seine Geschichtstheologie *De civitate Dei,* und sein exegetisches Hauptwerk *Ennarationes in psalmos.* Einige dieser Schriften blieben unvollendet, bei anderen zog sich die Fertigstellung wegen des Drucks der seelsorglichen Aufgaben und der Konflikte der Kirchenpolitik über viele Jahre hin. Für Augustinus war diese wissenschaftliche Tätigkeit nicht nur ein Ausgleich, den er für sich selber brauchte, sondern eine notwendige Quelle, aus der er schöpfen konnte, um nicht auszubrennen: Wer führt, verkündet und berät, der muß auch wissen, wohin es geht. Richtiges Handeln setzt richtiges Denken und den richtigen Geist voraus, sonst wird man zum blinden Führer: „Dient einander als gute Verwalter der vielfältigen Gnade Gottes" (1 Petr 4,10). Theologie und Spiritualität hatten bei Augustinus nie etwas Abgehobenes und Weltflüchtiges. Seine Werke bezogen sich immer auf die aktuellen Auseinandersetzungen mit den Häretikern seiner Zeit, auf aktuelle Streitfragen oder auf praktische Themen des christlichen Lebens, auf lebbare Spiritualität und ein weltzugewandtes Ethos (vgl. Kranz, S. 67f.). So entstanden *Über die Lüge, Der Nutzen des Fastens, Das Gut der Ehe, Das Gut der Witwenschaft* und zur Katechumenen-Erziehung *Vom ersten katechetischen Unterricht.* Augustinus wollte nach dem Vorbild des Paulus ein Mitarbeiter an der Wahrheit sein, jener Wahrheit aber, deren Erkenntnis befreit (vgl. Joh 8,32).

WILHELM GEERLINGS nennt die ***Ennarationes in psalmos*** „sein spirituell reifstes und schönstes Werk" (*Augustinus. Leben und Werk,* 2002, S. 142). Neben der Auswahl-Übersetzung von Balthasars (*Über die Psalmen,* 1936) gibt es eine von Hugo Weber (*Die Auslegungen der Psalmen,* 1955) und eine komplette von Perl (*Buch der Psalmen,* Graz/Wien 1947).

Christus nicht zerteilen!

Die religiösen und politischen Verhältnisse gaben Augustinus niemals Zeit, sich langsam in sein neues Amt einzugewöhnen. Kaum war er Bischof geworden, starben die zwei tragenden Gestalten der lateinisch-westlichen Kirche: Ambrosius von Mailand und Martin von Tours. Im Osten starben Gregor von Nyssa und 407 auch Johannes Chrysostomus. Die Verantwortung

und geistige Führerschaft ging schnell auf eine neue Generation über: Seine beiden Freunde Possidius und Alypius wurden ebenfalls Bischöfe: in Calama und Thagaste. Die Hunnen und Vandalen standen vor dem nördlichen Limes. Honorius, der 395 dem großen Theodosius als Kaiser nachfolgte, gab zwar Britannien als Provinz auf, um die militärischen Kräfte zu bündeln und dem Ansturm der Barbaren entgegenzutreten, aber ohne Erfolg. Das weströmische Reich taumelte der Agonie und Selbstaufgabe entgegen. Das Programm des Theodosius, mit Hilfe eines gemeinsamen Glaubens und einer einigen Staatskirche eine alle Völker des Reichs verbindende, gemeinsame Überzeugung zu schaffen, die dem zerfallenden Imperium Romanum wieder Zusammenhalt und neuen Mut verleihen sollte, war ebenfalls nicht geglückt. Seine Edikte gegen die Häretiker hatten deren Fanatismus und Widerstand gegen den Staat eher gesteigert denn abgeschwächt. Die religiösen Konflikte erforderten immer mehr Einsatz des Staates, um die inneren Feinde unter Kontrolle zu halten, und schwächten das Imperium in seiner äußeren Frontstellung gegen die Stürme der Völkerwanderung. Religiösen Fanatikern jeder Spielart standen viele laue Halbchristen gegenüber, die weniger aus innerer Überzeugung, sondern aus Mitläufertum und Anpassung dem neuen Glauben angehörten.
Wie immer, wenn eine Kultur sich von einer alten Religion abwendet und eine neue übernimmt, kam es auch hier es zunächst zu einer ungesunden und unreflektierten Verschmelzung von Altem und Neuem: Viele alte Bräuche und Riten der heidnischen Zeit wurden aus Gewohnheit einfach weiter betrieben, oder nur oberflächlich umgedeutet weiterpraktiziert: Die Unwissenheit und der Pragmatismus der Römer wirkten hier zusammen. Vielen war der Unterschied zwischen dem alten Polytheismus und dem neuen Glauben gar nicht bewußt: Es hatte ja immer wieder neue Götter gegeben, die man mit und neben den alten verehrt hatte: Tanit, Kybele, Mithras, und der *Sol invictus*. Viele sind auch wieder verschwunden. Jetzt war eben noch der neue christliche Gott da. Viele ließen sich taufen und verehrten daheim auch die alten Götter wei-

ter. Auch die Gladiatorenspiele, unmoralische und leichtlebige Theaterstücke, sowie der ausgelassene Trubel der Saturnalienfeste wurden im christlichen Römerreich weiterbetrieben.
Da der alte Polytheismus kein Transzendenzprinzip entwickelt hatte, war für die Menschen Religiosität untrennbar mit allen Formen des Aberglaubens verbunden: Astrologie, Wahrsagen, Zeichendeutung und Amulette waren weit verbreitet. Der heidnische Totenkult wurde durch die Märtyrerverehrung und einen bigotten Reliquienkult ersetzt. Falsche Priester und Reliquienhändler machten mit angeblichen Gebeinen von Märtyrern ein großes Geschäft. Diese Fehlentwicklungen wurden durch den Donatismus noch weiter verschärft. An den Gräbern der Angehörigen wurden weiter die alten Totenmähler gefeiert, oft mit immer größerem Aufwand. Man baute den Märtyrern Gräber und Kapellen und hielt dort Gottesdienste ab, trug Märtyrergebeine mit sich herum und küßte sie. Auf dem Rücken dieses ausufernden Reliquien- und Märtyrerkultes, basierend auf Unaufgeklärtheit, Unwissenheit und naiver Brauchtumspflege, erlangte der alte Vielgötterglaube eine morphologische Wiederauferstehung. Dies erweckte den Spott und das Mißtrauen sowohl der Neuplatoniker als auch der Manichäer, wie z. B. Maximus von Madaura und Faustus: Die Christen, die Menschen als Götter verehren und anbeten, seien noch törichter als die Heiden (vgl. Kranz, S. 69 ff.). Die Tendenz war offensichtlich: Die heidnische Welt wurde nur dem Namen nach immer christlicher, in Praxis und Volksglaube näherte sich das Christentum immer mehr dem alten Heidentum an, und das Christentum drohte von ihm rückwirkend überformt zu werden.

Zur Heiligenverehrung und ihren Ursprüngen vgl. z. B. Gisbert Kranz, *Heiligenleben als Bildungsgut in der Schule, Erwachsenenbildung und Seelsorge*, 1965.

Augustinus wußte, daß diese Fehlentwicklungen nicht bloß durch äußere Verbote oder staatliche Gesetze bekämpft werden konnten. Es handelte sich hier um Ansichten und Bedürfnisse einer Gesellschaft, die in Denken und Fühlen durch eine jahrhundertealte heidnische Kultur geprägt waren und oft mit dem tieferen Sinn des Christentums noch kaum in Berührung gekommen waren. So setzte er auf Aufklärung und Geduld: „Soweit ich es beurteilen kann, sollten wir diese Dinge nicht schroff mit Härte oder gebieterischem Ton abschaffen, sondern mehr durch Belehrung als durch Befehl, mehr durch Ermahnung als durch Drohung. Mit der Masse muß man behutsam umgehen, strenges Auftreten ist nur dem Einzelnen gegenüber angebracht. Wenn wir aber wirklich drohen, tun wir es schweren Herzens, gestützt auf das Urteil der Heiligen Schrift, damit man nicht uns wegen unserer Macht, sondern Gott wegen unserer Worte fürchte. Auf diese Weise werden zuerst die geistlich Gesinnten zur Einsicht kommen, und durch ihren Einfluß und durch ihre gütigen, aber unaufhörlichen und dringenden Ermahnungen wird dann auch der Widerstand des übrigen Volkes auf die Dauer gebrochen."

Auf die spöttische Kritik der gebildeten Heiden antwortete er: Man darf nicht die Ansichten und Praktiken der halbbekehrten, unwissenden Massen mit dem Wesen des Christentums gleichsetzen: „Ich weiß es wohl, es gibt viele, die angestrichene Figuren und Grabmäler anbeten. Viele gibt es, die ausgelassen auf die Toten anstoßen und die den Leichen ihre Speisen vorsetzen. Damit begraben sie sich selbst auf den Gräbern und bedecken ihre Gefräßigkeit und Trunksucht mit dem Deckmantel der Religion." Nach dem Vorbild des Ambrosius ging er energisch gegen den Totenkult und die Totenmähler vor und erließ entsprechende Vorschriften, auch wenn es sich hier um einen verbreiteten und beliebten Volksbrauch handelte und mit Widerstand der Menschen zu rechnen war. Auch seine Mutter Monika war, obwohl überzeugte Christin, immer an ihr Elterngrab gegangen und hatte dort rituell Wein getrunken. Das hatte in ihrer Jugendzeit sogar fast zu Trunksucht geführt. Sie gab es zwar auf, als sie deswegen ins Gerede kam und ihr Bischof es verbot, aber doch mit innerem Befremden. Der Unterschied zwischen rituellem Totenkult und verehrender Liebe zu den Verstorbenen wurde von den Menschen oft gar nicht erkannt; entsprechende Verbote wurden als pietätlos gedeutet: Man wird doch noch Christ sein und die alten Riten der Totenverehrung weiterführen dürfen!

Verehrung, nicht Anbetung!

Zuerst vermittelte Augustinus den Menschen den Unterschied zwischen Anbetung und Verehrung: Nur Gott allein darf angebetet werden. Die Heiligen dürfen lediglich verehrt werden, weil sie christusförmig sind in Denken, Reden und Handeln und deshalb Vorbilder der Christusnachfolge sind, zum Tugendleben anspornen und bei Gott für uns eintreten: „Von katholischen Christen wird kein Toter angebetet, wird nichts von Gott Erschaffenes wie eine Gottheit angerufen, sondern Gott allein, der alles geschaffen und ins Leben gerufen hat.“ Alle Bräuche, die diesen Unterschied nicht beachteten, bekämpfte er wie Ambrosius energisch und mit klaren Vorschriften. Das galt vor allem für die beliebten Totenmähler mit ihren Freß- und Trinkgelagen. Keinem Märtyrer darf geopfert oder ein Altar errichtet werden; zu Toten darf nicht gebetet werden, allein zum Gott der Lebenden und der Toten. Die Auffassung der Heiden, daß Alkohol und Euphorie zu engerem Kontakt mit dem Göttlichen und Jenseitigen führen, deutete er als religiös verbrämte Unmoral. Gegen Bräuche, Riten und Gegenstände, die dem Glauben widersprechen, Aberglauben und Unmoral fördern, und den Menschen abhängig und unfrei machen, gab es bei Augustinus keinen Kompromiß. Dasselbe galt für alles Betrügerische, Wertlose und Falsche. Alles andere jedoch, was symbolisch verwendbar, in das Christentum integrierbar oder nur nebensächlich und harmlos war, könne man vorübergehend tolerieren, weil sich das religiöse Denken und Verhalten der Menschen erst langsam ändert. Was der Mensch nicht versteht und aus Überzeugung annimmt, das befolgt er auch nicht und behält das Alte bei, mag man es ihm durch bloße Vorschrift zehnmal verbieten.
Die Durchführung dieses Programms erwies sich aber als schwierig. Hippo Regius war nur ein Provinzbistum und sein junger Bischof galt bei manchen älteren Mitbrüdern noch als ein Anfänger und Emporkömmling. Und die Bischöfe Nordafrikas waren in dieser Frage nicht einer Meinung; manche hatten auch Schlamperei aufkommen lassen und in falscher To-

leranz jahrzehntelang so gut wie alles geduldet, anstatt durch Aufklärung und Predigt dem halb-heidnischen Treiben entgegenzuwirken. Die Menschen betrachteten das Weiterbetreiben der heidnischen Kulte inzwischen als ihr gutes Recht und deuteten die neuen Verbote nur als Rigorismus. Zwar hatte die Synode von Karthago 401 nach dem Vorbild des Ambrosius einige strenge Verordnungen erlassen zur Bekämpfung des halbheidnischen Aberglaubens, aber deren Durchführung scheiterte oft am Widerstand der Menschen, die von ihrem gewohnten Brauchtum nicht lassen wollten. Bischof Aurelius von Karthago hatte auf Drängen Augustins Musik, Tanz und Trinkgelage in der Grabeskirche des hl. Cyprian von Karthago verboten und die Heiligenverehrung auf die Basis eines würdigen Vigil-Gottesdienstes gestellt. Die Menschen wollten dies aber nicht annehmen und reagierten mit Aufruhr und Widerstand: Dies sei weltfremder Rigorismus. Einer Glaubensauffassung, die alles verbiete, was Spaß macht und dabei nur alte Traditionen zerstöre, wollten sie nicht folgen.
Im Jahr 393, als Augustinus noch nicht einmal Bischof war, hatten sich die nordafrikanischen Bischöfe bereits zu einem Plenarkonzil in Hippo Regius getroffen, um die leidige Frage der Totenmähler gemeinsam zu klären. Augustinus hielt vor den Bischöfen die flammende Rede *De fide et symbolo,* in der er zu Mut und Entscheidungskraft aufrief. Überzeugung erweckte vor allem sein klarer Bezug auf die Schrift: „Gebt das Heilige nicht den Hunden! Werft die Perlen nicht vor die Säue!“ (Mt 7,6). Die Freß- und Saufgelage, den Tanz und den Reliquienschacher in den Kirchen und Kapellen verglich er mit der Tempelreinigung Jesu: „Macht das Haus des Gebetes nicht zu einer Räuberhöhle!“ und mit der Anbetung des goldenen Kalbes durch die Juden. Alle seine Aussagen belegte er mit Schriftrollen, die zum Nachschlagen herumgereicht wurden. Dieser überzeugende Appell an die Gefühle und die Verantwortung vor Gott und den Menschen zeigte Wirkung: Die Menge brach mit ihm in Weinen aus. Aber die Begeisterung währte nicht lange. Am nächten Tag begann schon wieder das Murren auf den Straßen: Wieso wird uns das verboten? Wieso erst jetzt? „Waren jene, die es

früher nicht verboten hatten, keine Christen?“ Auch die Donatisten, Oberprotagonisten des Märtyrerkultes, würden triumphieren: „Kommt zu uns, bei uns geht das!“ Das hieße aber, den Teufel mit dem Beelzebub austreiben.
Die Situation wurde gefährlich: Augustinus bekam, wie er später selbst berichtet, Angst um sein Leben und beriet sich mit seinem Freund Alypius, der inzwischen Bischof von Thagaste geworden war: Sollte er jetzt „den Staub von meinen Kleidern schütteln und weggehen?“ Doch dann kamen einige seiner Kritiker und ließen sich die Sache von ihm noch einmal in Ruhe erklären. Er konnte sie mit wenigen Worten überzeugen und hielt daraufhin noch einmal eine Predigt in der Kirche: Warum erst jetzt? – endlich jetzt! Die Bekehrung von Menschen ist ein Weg, der viele kleine Schritte erfordert, denn die Anhänglichkeit der Menschen an alte Vergnügungen ist noch sehr stark: *Ultra posse nemo tenetur* (Niemand soll mehr abverlangt werden, als er zu halten im Stande ist)! Deshalb hätten seine Vorgänger noch manches zugelassen, oder noch nicht zu verbieten gewagt: Jene Bräuche habe man ihnen gestattet, damit sie Christen würden; jetzt sollen sie aufgeben, weil sie es bereits seien. Er griff zur Schriftrolle und las aus dem ersten Petrusbrief vor: „Lange genug habt ihr in der vergangenen Zeit das heidnische Treiben mitgemacht und habt ein ausschweifendes Leben voller Begierden gelebt, habt getrunken, gepraßt, gezecht und unerlaubten Götzenkult betrieben“ (1 Petr 4,3). Fühlt sich ein Petrus, der dies geschrieben hat, wirklich geehrt, wenn man in der Petersbasilika in Rom „zu seiner Ehre“ praßt und zecht? In Rom hatte man gegen diesen Mißbrauch der Peterskirche dieselben Vorschriften erlassen müssen wie in Karthago. Die Stimmung schwankte. Augustinus lud zu einem zweiten Gottesdienst am Nachmittag in die Kirche ein. Die Kirche wurde wieder voll, das Wort Gottes wurde vorgelesen und man sang die Psalmen. Bischof Valerius bat ihn um eine weitere Predigt. Augustinus raffte sich dazu auf und traf in die Herzen der Hörer. Durch Mut und Beharrlichkeit hatte er gesiegt. Bis in die Nacht blieben viele noch zum Psalmgesang da.

Wenn es um die Wahrheit ging, machte Augustinus keine Kompromisse und übte wie sein Lehrer Ambrosius freimütig Kritik an den Mächtigen seiner Zeit, sogar an den Großen der Kirche und der Theologie. So äußerte er auch einige sachliche Einwände gegen die lateinische Übersetzung der Heiligen Schrift durch Hieronymus: Hieronymus habe, wohl um sein Bild von einer einträchtigen Urkirche nicht zu gefährden, die heftige Kritik des Apostels Paulus an Petrus im zweiten Kapitel des Galaterbriefes heruntergespielt. Petrus hatte in Antiochia immer Mahl mit den Heidenchristen gehalten, brach aber aus Furcht vor der Kritik des Jakobus und der Judenchristen diese Mahlgemeinschaft wieder ab. Für Hieronymus war es unvorstellbar, daß Paulus Petrus öffentlich ins Angesicht widerstanden habe, weil dieser im Unrecht war, und deutete die Auseinandersetzung als fromme Verstellung aus taktischen Gründen, die Petrus auch so verstanden hätte. Geprägt vom Amts- und Autoritätsverständnis des Ambrosius setzte Augustinus dagegen: Keine Autorität, auch nicht die eines Papstes, stehe über der Wahrheit des Evangeliums, und deswegen sei die Kritik des Paulus an Petrus nicht nur ernst zu nehmen, sondern auch richtig und gut im Sinne einer nötigen *correctio fraterna* (brüderlichen Zurechtweisung). Dies teilt er auch Hieronymus schriftlich mit. Paulus hatte den ersten Apostel zurechtgewiesen; also durfte und mußte er das als kleiner und junger Priester auch gegenüber einem so alten, großen und verdienstvollen Lehrer der Christenheit wie Hieronymus. Der nachfolgende Briefwechsel spiegelte das unterschiedliche Autoritäts- und Amtsverständnis der spätantiken Gesellschaft und Kirche wider: Hieronymus reagierte auf die freimütige *correctio fraterna* des Augustinus gekränkt und diffamierte ihn als geltungssüchtigen und arroganten Emporkömmling ohne Respekt vor der Gelehrsamkeit der Alten.

Hl. Hieronymus (um 347–419): stammt aus Kroatien. Briefwerk. Ausleger und Übersetzer der Hl. Schrift. Seine lat. Bibelübersetzung *Vulgata* war verbindlich. Kirchenvater und Kirchenlehrer.

18 der 26 Briefe sind erhalten. In der Reihe *Fontes Christiani* erstmals dt.-lat., hrsg. von Alfons Fürst: AUGUSTINUS – HIERONYMUS, *Epistulae mutuae – Briefwechsel*, 2 Bde., 2002.

Eine Reform des Klerus

Auch mit dem Klerus – nicht nur seines Bistums, sondern wohl auch der gesamten Kirche – stand es bei seinem Amtsantritt nicht zum Besten. Die Verfolgungszeit war schon lange vorüber; die römische Kirche stieg nun, von der kaiserlichen Verwaltung des Theodosius unterstützt, zur Staatskirche auf. Die alten Seelsorger, überzeugte Hirten, die während der Zeit der Christenverfolgung ihren Glauben in Drangsal und Entrechtung durchgehalten hatten, wurden alt und starben langsam aus. Bei der neuen Generation ließen theologisches Wissen, Spritualität und missionarischer Impetus oft sehr zu wünschen übrig. Karriere, Einfluß und ein sorgenfreies Leben in gesicherter Stellung schienen oft wichtiger. Die Verderbnis dieser Laster, besonders des Karrieredranges und der Neigung zur Selbstdarstellung, kannte Augustinus aus seinem früheren Leben nur zu gut. Auch jetzt noch kämpfte er innerlich immer wieder damit. Die Streitsucht und die hartnäckige *invidia clericalis* (der klerikale Neid) belasteten die Wirkung des Glaubens und der Kirche immer noch sehr. Sie betrafen nicht nur den Kampf mit den Sekten, besonders mit den Donatisten, sondern vergifteten auch das Verhältnis vieler katholischer Gemeinden untereinander und erweckten dadurch den Spott und das Mißtrauen der verbliebenen Heiden, der nichtchristlichen Philosophen und der Manichäer.

Auch all dem würde mit bloß äußeren Vorschriften und Maßregelungen nicht beizukommen sein: Gehört ist noch nicht verstanden, verstanden noch nicht angenommen, angenommen noch nicht beherzigt, beherzigt noch nicht umgesetzt, und umgesetzt noch nicht beibehalten. Alleinsein, Sorglosigkeit und der fehlende Austausch mit Mitbrüdern förderten weder die religiösen Kenntnisse noch das priesterliche Selbstverständnis und den spirituellen Selbstanspruch, sondern brachten eher die Gefahr einer Verbürgerlichung und Verflachung mit sich. Es gab damals auch noch keine allgemein vorgeschriebene Priesterausbildung oder die Verpflichtung zu einem Studium. Wen er weihte, entschied jeder Bischof selber, und so weihten sorglose und verweltlichte Bischöfe auch oft unwürdige, kenntnislose und überzeugungsschwache Priester. Augustinus hätte ohne seinen persönlichen Wissensdrang, das Vorbild seines Lehrers Ambrosius und die Gemeinschaften von Cassiciacum und Thagaste niemals jenen Geist und jenes Wissen erlangt, die ihn jetzt zum Priester- und Bischofsamt befähigten. Was war zu tun? Die weihebedingte Amtsgnade, das persönliche Charisma, individuelle Gnaden, Intelligenz und Bildung wirken in jedem Seelsorger untrennbar zusammen. Augustinus reformierte den Klerus. Das erforderte ein kongruentes System aus verschiedenen Methoden. Wichtig war zudem, daß viele Geistliche das Verhältnis dieser vier Aspekte nicht richtig sahen und dadurch pastoral Verwirrung stifteten. Viele verbürgerlichte Priester betonten die Amtsgnade und vernachlässigten Spiritualität und Bildung, die Pelagianer leugneten die Erbsünde und die Notwendigkeit der Gnade und setzten voll auf Bildung und Moral. Die Donatisten wiederum machten die Wirkung der Amtsgnade von der persönlichen Frömmigkeit und Gottesbeziehung des jeweiligen Spenders abhängig. Das Ansehen und die Würde des Priesters in der Gesellschaft bargen auch noch andere Gefahren: „Je mehr man uns ehrt, desto mehr sind wir in Gefahr. Jeder von euch muß fürchten, daß ihn ein gefährlicher Irrtum von der Wahrheit abspenstig macht; jeder muß fürchten, daß er sich von seiner Begierde besiegen läßt ... daß er den Geschmack am Worte Gottes verliert und an diesem Überdruß zugrunde geht" (zitiert nach Kranz, S. 86 f.).

Die im nächsten Kapitel beschriebene, priesterliche Lebensgemeinschaft sollte auch als eine Art Priesterseminar dienen, in die der neue Klerikernachwuchs mit aufgenommen wurde und am Studium, am Gebet und am monastischen Leben der Älteren teilnehmen konnte. Priesterliches Leben erfordert nicht nur inhaltliches Wissen, sondern auch persönliches Vorbild, Wir-Gefühl und Übung. Theologische Bildung und Auseinandersetzung waren hier eingebettet in praktische Spiritualität, seelsorglichen Dienst und ein personales Miteinander in einer neuen Lebensform, die die jungen Kleriker untereinander ver-

band. Dies sollten sie nach außen weitertragen. Dieses Modell der Klerikerausbildung sollte sich zwar bis zum Tridentinischen Konzil nur langsam in der ganzen abendländischen Kirche durchsetzen, wirkte jedoch in Hippo Regius sehr segensreich: Zehn Bischöfe sind neben vielen Priestern aus dieser Gemeinschaft von Hippo hervorgegangen, die Augustins Ideen weiter verbreiteten.
Zu den bedrückenden Aufgaben eines Bischofs gehört freilich die Auseinandersetzung mit Skandalen und moralischem Fehlverhalten von Priestern und Seelsorgern. Damals wie heute kochen die Wut und der Ärger der Menschen in solchen Fällen besonders hoch. So schrieb auch Augustinus: „ Wenn solche Dinge in der Kirche vorkommen, ist die Betrübnis der Gläubigen groß ... Es gibt Leute, die sich über diese unsere Schmerzen freuen ... Wenn ein Bischof, ein Geistlicher oder eine Nonne gefallen ist, behaupten sie: So sind sie alle, nur kommt es nicht bei allen ans Licht ... Wird Personen geistlichen Standes ein erdichtetes Verbrechen unterschoben oder ein wirklich begangenes nachgewiesen, dann bestehen sie darauf, man müsse von allen solches glauben, und können nicht genug umherlaufen, um diese Meinung zu verbreiten“ (zitiert nach Kranz, S. 87 f.). Damals wie heute versuchten die Bischöfe oft, solche Ereignisse zu verbergen und herunterzuspielen, um den Ruf der Kirche zu schützen. Augustinus war nicht dieser Auffassung: Glaubwürdigkeit kann man in solchen Fällen nur erzeugen, wenn man sie öffentlich ohne Beschönigung eingesteht und klare Konsequenzen zieht. Augustinus tat dies oftmals sogar in Hirtenbriefen. Dabei schreckte er auch vor öffentlicher Selbstkritik nicht zurück, als es 423 zu einem Eklat kam: Er selbst hatte einen begabten, aber leider noch unerprobten Mann zum Bischof im nahen Fussala gemacht, den er jedoch falsch eingeschätzt hatte: Kaum war er im Amt, drangsalierte er die Gläubigen mit unerträglicher Herrschsucht, diktatorischem Gehabe, Bespitzelung und Repression. Darüber hinaus kam es sogar zu Korruption, Vetternwirtschaft und zu sexuellem Mißbrauch Abhängiger. Zwar erließ der Papst aufgrund der Beschwerde der Gläubigen eine harte Disziplinar-

strafe, aber Augustinus fühlte sich für diesen Mißgriff persönlich verantwortlich und tat öffentlich Buße: Er hatte diesen Mann vorgeschlagen und war durch die Beschwerde der Leute beim Heiligen Stuhl in Mißkredit gekommen.
Er hatte auch der Kirche geschadet, denn Nordafrika stand damals in der Auseinandersetzung mit der fundamentalistischen Sekte der Donatisten, die als makellose „Kirche der Reinen und der Märtyrer“ solche Vorfälle bedenkenlos ausnutzten: Hier könne man sehen, daß die katholische Kirche nur die falsche Scheinkirche des Satans sei! Die Gefahr bestand, daß sich noch mehr Christen von der katholischen Kirche abwenden und zu den Donatisten überlaufen würden. Diese Konflikte waren wohl auch ein Teil jener Gründe, die Augustinus zu einer differenzierten Ekklesiologie anregten: Bekehrung ist kein Akt, der aus Sündern in einem Zug „neue Menschen“ ohne Gefährdung durch Sünde macht, sondern ein Weg mit vielen Schritten. Augustinus verwies auf die Gleichnisse Jesu vom Spreu und vom Weizen, und erinnerte an die Bitte des Herrn: „Laßt beides wachsen bis zur Ernte! – An den Früchten werdet ihr sie erkennen!“ Die Radikalität der Donatisten ist deshalb ein Mißgriff, der dem Wort Gottes widerspricht und in dem sich der Mensch zum absoluten Richter macht: „Richtet nicht, damit ihr nicht gerichtet werdet!“ „Mit dem Maß, mit dem ihr meßt, werdet ihr gemessen werden!“

Der Vater des abendländischen Mönchtums

So beschloß Augustinus noch als neuer, kleiner Provinzbischof, neue Wege zu gehen: Er gründete für Priester und Diakone eine Lebensgemeinschaft, der er selber als erster unter Gleichen vorstand: Verzicht auf persönlichen Besitz, Ehelosigkeit und gemeinsames Gebet gehörten genauso dazu wie Studium, spiritueller und theologischer Austausch und seelsorglicher Dienst in den Stadtgemeinden von Hippo Regius und Umgebung. Diese Verknüpfung von monastischem Leben und Seelsorge hatte es vorher noch nicht gegeben. Das Mönchtum, von An-

tonius begründet, war wesentlich verbunden mit Eremitentum und Rückzug aus dem weltlichen, gesellschaftlichen, und vor allem dem städtischen Leben. Augustinus wurde zum Vater einer neuen Form monastischen Lebens, die bis heute weiterwirkt und im Laufe der Geschichte zu vielen Gestaltungsformen geführt hat: Seine Klosterregel prägt bis zur Gegenwart die *Augustiner-Chorherren* und *Augustiner-Eremiten,* die *Ritterorden* und *Kollegiats-Stifte*. Das benediktinische Mönchtum und noch mehr der benediktinische Reform-Orden der *Zisterzienser* übernahmen von Augustinus die Verpflichtung zur Arbeit, zum Studium und zur persönlichen Besitzlosigkeit, ließ sich aber nur im freien Land und nicht in Städten nieder. Ohne ihren Einsatz in Verkündigung, Volksbildung und Landwirtschaft wäre die Entstehung des christlichen Abendlandes und seiner hochentwickelten Kultur unvorstellbar. Der lateinische Begriff *paganus* bedeutet sowohl „Landbewohner“, wie auch „Heide“. In der Antike war das Christentum eher eine Stadtreligion, während die ländlichen Gebiete noch vorwiegend heidnisch blieben.
Die Bettelorden der *Franziskaner,* der *Dominikaner* und der *Kapuziner* übernahmen von Augustinus wiederum das Leben innerhalb der Städte und Dörfer und das seelsorgliche Wirken durch Predigt und Verkündigung. Augustinus forderte nie – wie später Franziskus und Dominikus – eine Armut und Besitzlosigkeit der Gemeinschaft selber, sondern nur einen Verzicht auf privaten Besitz der Mitglieder. Man kann Augustinus also in vielerlei Hinsicht als den Vater des spezifisch abendländischen Mönchtums bezeichnen. Das griechisch-orientalische Mönchtum hatte eher die Neigung zum Meditativ-Weltflüchtigen, während das abendländisch-augustinische Mönchtum eine besondere Lebensform nach den evangelischen Räten sah, die dem Apostelkreis und den Urgemeinden nahe kam und so auch an der Sendung der Kirche und ihrer Verkündigung teilnahm. Man könnte den Unterschied zwischen dem östlichen Mönchtum des Antonius und den westlichen Mönchtum des Augustinus mit dem Satz auf den Punkt bringen: Der ostkirchliche Eremit wollte die Welt verlassen, um

Das ***Apostolat*** ist jede Tätigkeit der Kirche, die Herrschaft Christi auszubreiten und die Menschen an der Erlösung teilhaben zu lassen, um durch diese die Welt auf Christus hinzuordnen (nach „Das Dekret über das Laienapostolat *Apostolicam actuositatem*" in: *Kleines Konzilskompendium,* hrsg. v. Rahner/ Vorgrimler, 1966, AA 2).

sich zu heiligen, während der westkirchlich-augustinische Mönch die besondere Form der evangelischen Räte wählte, um dadurch auch *die Welt* zu heiligen. Das *Apostolat* gehört damit zu den Hauptaufgaben des augustinisch-monastischen Konzeptes. Die gemeinsamen Gebetszeiten wurden so strukturiert, daß Seelsorge und Verkündigung nicht behindert wurden.

Die christlich-abendländische Kultur kann man definieren als eine Kombination zwischen dem christlichen Glauben, eingebettet in die Reflexion einer vernunftorientierten Philosophie einerseits und dem pragmatischen und systematischen Gestaltungswillen der antik-römischen Technik, des römischen Rechts und der römischen Verwaltungsstrukturen andererseits. Als das christliche Römerreich unter dem Ansturm der Barbarenvölker zusammenbrach, hat das augustinisch-abendländische Mönchtum durch seinen Apostolatsgeist nicht nur die antik-christliche Kultur bewahren, sondern auch die neuen Völker umerziehen und prägen können. Der weltgestaltende Pragmatismus der Römer war in der Spätantike einer gewissen Trägheit, einem mangelndem Leistungswillen und einem fehlenden Selbstanspruch gewichen. Die Sklaverei, die vielen unterworfenen Völker und die weltflüchtige, alles Materielle entwertende Esoterik des Neuplatonismus und des Manichäismus taten das Ihre und bewirkten eine starke Erosion des Leistungs- und Arbeitsethos. Materielle Arbeit und Dienst am Mitmenschen war etwas für Niedere. Die Oberschicht gab sich immer mehr dem Nichtstun, der Saumseligkeit und dem Vergnügen hin. Im Heer und in der Verwaltung wurden zwar die hohen Führungsposten meist noch von Römern übernommen, aber ansonsten bediente man sich fast nur noch der „Dienstvölker". Gute geistige Führung bedarf jedoch ganz besonders der Bildung, des Wissens und der intellektuellen Kompetenz; und darüber hinaus auch noch eines vorbildlichen Lebenswandels und eines anspornenden Leistungswillens. Dazu waren die dekadenten, verweichlich-

ten und vergnügungssüchtigen Männer der römischen Oberschicht aber immer weniger in der Lage.
Dies betraf natürlich auch die Seelsorger und Geistlichen im Bistum Hippo, die als Kinder ihrer Epoche von dieser Dekadenz des Zeitgeistes mit geprägt waren. Viele unter den Priestern und Mönchen verwechselten ihr Hirtenamt mit kommandierendem Nichtstun und geruhsamem Leben. Askese und Beschaulichkeit wurden umgedeutet zu einer Befreiung von der Pflicht, mit eigener Hände Arbeit seinen Lebensunterhalt zu bestreiten. Man wanderte herum, ließ sich von den Leuten einladen, erteilte „geistlichen Rat", verschacherte Devotionalien und „Reliquien" an Gutgläubige, und lebte ansonsten von Spenden und Zuwendungen der Weltmenschen, denen man unterschwellig einredete, solche Spenden seien ihrem Heile dienlich. Ein seltsamer Ausdruck dieser „geistlichen Weltabgeschiedenheit" waren oft Unsauberkeit und Verwahrlosung: Einige dieser religiösen Sonderlinge liefen in verdreckten Lumpen und langen Haaren umher, oder weigerten sich, die Fingernägel zu schneiden, damit die Menschen sehen, daß sie nicht arbeiten. Dazu fiel Augustinus eine entsprechende Bibelstelle ein: „Wenn ihr fastet, dann macht kein finsteres Gesicht wie die Heuchler. Sie geben sich ein trübseliges Aussehen, damit die Leute merken, daß sie fasten. Amen, das sage ich euch: Sie haben ihren Lohn bereits erhalten. Du aber salbe dein Haar, wenn du fastest, und wasche dein Gesicht, damit die Leute nicht merken, daß du fastest, sondern nur der Vater, der auch das Verborgene sieht; und dein Vater, der das Verborgene sieht, wird es dir vergelten!" (Mt 6,16 ff.).
Für die klösterlichen und geistlichen Gemeinschaften, die er gründete (dazu gehörten auch noch zwei Klöster für Laienmönche und ein Frauenkonvent), verfaßte Augustinus deshalb das Werk *De opere monachorum* (Von der Arbeit der Mönche) und die sog. *Regula sancti Augustini,* in der er klare und weitsichtige Verordnungen für das praktische Ordensleben erließ: Pflicht zu weitgehender Selbstversorgung durch Arbeit; keine Annahme von Spenden zur Förderung des Nichtstuns, sondern nur zur Ermöglichung sozialer Zuwendungen und mis-

sionarischen Apostolats. Kennzeichnend für seine Regel war auch die neue Wertschätzung der körperlichen Arbeit und des Handwerks: Sie sind nichts „Niedriges", wie es die antik-heidnische Kultur sah, sondern konsekutive Mitwirkung an der Gutheit und Schönheit der Schöpfung. Sie ehrt Gott und dient den Menschen. Faulheit dagegen ist aller Laster Anfang. Die unausweichliche Folge von Nichtstun und Leichtlebigkeit sind gerade in geistlichen Lebensgemeinschaften Geschwätzigkeit, Intriganz, Neid, Mißgunst und die selbstgefällige Abwertung anderer. Nichts verabscheute Augustinus so sehr wie das Lästern: Die üble Nachrede über Abwesende verbot er deshalb den Mitgliedern seiner Gemeinschaften strikt: „Denen ist der Tisch nicht gedeckt!" Weil es bei ihr nicht um die Wahrheit und das Gute geht, ist sie etwas ganz anderes als die *correctio fraterna* (nach Mt 18,15; Lk 17,3) und wirkt nach innen zerstörerisch und nach außen unglaubwürdig.

Mit der Gerechtigkeit Gottes in der Gerechtigkeit der Menschen

Zwei Edikte der Kaiser Konstantin und Honorius hatten den christlichen Bischöfen auch die weltliche Gerichtshoheit mit allen Rechten und Pflichten zuerkannt. Mit dem Gerechtigkeitssinn und der Menschlichkeit der staatlich-heidnischen Richter stand es damals nicht zum besten. Amtsmißbrauch, Willkür, Doppelmoral und die Bevorzugung der Mächtigen waren an der Tagesordnung, genauso wie Rechtlosigkeit und drakonische Bestrafung der Kleinen: Verbannung, Versklavung, ja sogar die Todesstrafe wurden oft bedenkenlos schon bei Bagatellen verhängt, besonders wenn es sich um Verwandte oder Anhänger politisch Unterlegener oder Verfolgter handelte. Das Problem der Sippenhaft hatte sich spätestens seit den Soldatenkaisern breitgemacht. Immer häufiger wurde zur Erzwingung von Geständnissen die Folter eingesetzt. Kein Wunder, daß sich die Christen bei Rechtsstreitigkeiten lieber an ihre Bischöfe als an die staatlichen Gerichte wandten. Hatte der

Apostel Paulus nicht schon seine Gemeindemitglieder gemahnt, Rechtsstreitigkeiten mit Brüdern nicht vor die heidnischen Richter zu bringen? Die Bischöfe waren als Richter auch gerechter und menschlicher und verzichteten als Geistliche auf die Anwendung der Folter und der Todesstrafe.
Für die Bischöfe war das Richteramt eine Last, die ihnen die Zeit für die Seelsorge und Verwaltung stahl. Augustinus sah aber auch darin einen Dienst für die Menschen, dem er sich stellen wollte. Gerade die Kleinen, Ungebildeten und Armen waren ja auf die Bischöfe als Richter angewiesen. Er sah darin ein wichtiges Werk der Barmherzigkeit. Jeden Morgen nahm er nach der Frühmesse den Richterstuhl ein und verbrachte den Vormittag damit, Erbschaftsstreitigkeiten zu schlichten, Immobilien- und Grundstücksverkäufe zu regeln, Vormundschaftsrechte festzulegen usw. Dies belastete nicht nur sein Gebet und sein spirituelles Leben, sondern brachte ihn auch bald in zunehmende politische Schwierigkeiten und Gewissenskonflikte. Je mehr Bürgerkrieg und Gewaltherrschaft, Anarchie und Dekadenz das Römische Reich innerlich zerfraßen, desto mehr wuchs auch der Mißbrauch der Justiz und der Gerichte zur Lösung politischer Machtkämpfe: Immer wieder kamen Angehörige politisch Verfolgter, Verbannter oder zu Unrecht Verurteilter zu Augustinus, damit er bei den weltlichen Richtern und Beamten für sie einträte. Dies brachte nicht nur die Gefahr mit sich, daß er in Feindschaft mit den Behörden und Beamten kam, sondern auch, daß die Leute unzufrieden waren, wenn er in ihren Anliegen nichts erreichte. Augustinus stellte sich aber auch dieser schwierigen Aufgabe mit Intelligenz, Menschenliebe, Überzeugungskraft und Geduld, so daß die zurechtgewiesenen Richter oft sehr beeindruckt waren und bereitwillig ihre verfehlten Urteile widerriefen.
Noch problematischer als der Einsatz für ungerecht Verurteilte waren die Gnadengesuche für zu Recht verurteilte Verbrecher. Das antike Recht stand auf dem Prinzip der reinen Gerechtigkeit und nicht der Barmherzigkeit und der Gnade: Amnestie oder eine Stundung und Abschwächung der Strafe „auf Bewährung“ waren nicht vorgesehen; vor allem nicht für klei-

ne Leute. Vor allem bei heidnischen Richtern wurde solcher Einsatz um Gnade nicht verstanden und konnte den Verdacht erwecken, es handle sich hierbei nur um Vetternwirtschaft und einseitige Parteinahme. Ein Gnadengesuch bei einem Richter vorzutragen, erforderte meist eine Grundkatechese, wie jene, die Augustinus selbst aufzeichnete und die bis heute überliefert ist: „In keiner Weise billigen wir die Verbrechen. Wir wollen, daß sie gesühnt werden ... Da wir Mitleid mit dem Menschen tragen, dessen Verbrechen wir verabscheuen, wollen wir umso weniger, daß er ohne Besserung in seinem Laster sterbe, je mehr uns eben dieses Laster mißfällt. Leicht und gewöhnlich ist es, die Bösen zu hassen, weil sie böse sind; selten aber und ein Werk der Frömmigkeit ist es, sie zu lieben, weil sie Menschen sind ... Menschenliebe treibt uns, für Schuldige Fürsprache einzulegen, damit sie ihr Leben nicht durch die Todesstrafe enden und obendrein auch noch eine endlose Strafe erleiden müssen. Zweifle nicht, daß diese Art unserer Pflichterfüllung in der Religion begründet ist, da Gott, bei dem sich keine Ungerechtigkeit findet, trotz seiner Allmacht und Allwissenheit, wie das Evangelium sagt, ‚seine Sonne aufgehen läßt über Gerechte und Ungerechte' ... Wenn Gott schon die Ungerechten und Lasterhaften schont und ihnen Leben und Gesundheit schenkt ... um wieviel mehr müssen wir barmherzig sein gegen jene, die Besserung versprechen, und von denen wir nicht wissen, ob sie ihr Versprechen halten werden ... Die Richter mögen bedenken, daß sie wegen ihrer eigenen Sünden auf Gottes Barmherzigkeit angewiesen sind, und nicht meinen, sie versündigen sich an ihrem Amte, wenn sie gegen jenen Barmherzigkeit walten lassen, über deren Leben und Tod sie nach den Gesetzen Gewalt haben. Denn als die Juden eine im Ehebruch ertappte Frau vor den Herrn führten, ihm erklärten, sie müsse nach dem Gesetz gesteinigt werden, und ihn dann nach einem Urteil fragten, da antwortete er ihnen: ‚Wer von euch ohne Sünde ist, werfe den ersten Stein auf sie'" (zitiert nach Kranz, S. 93 f.).

Hier wird ein neuer Geist sichtbar: Augustinus vertritt das neue Menschenbild der Offenbarung, das von der Würde und dem

Wert der personalen Seele getragen ist. Schöpfungslehre, Soteriologie, Gnadenlehre und Anthropologie wirken hier zusammen. Das war für die Antike neu: Den Gedanken eines objektiven und gleichen Wertes des Menschen als Person kannte sie nicht. Der Wert eines Menschen wurde an der gesellschaftlichen Stellung, am Alter oder am Geschlecht festgemacht und unterschiedlich bemessen. Sklaven galten gar als rechtlos und wurden wie Sachen behandelt.

Das weströmische Reich taumelte auch innenpolitisch immer mehr der Anarchie und Gewaltherrschaft entgegen: Ein Soldatenkaiser stürzte den anderen, Umstürze, Attentate und Revolten, ausgelöst von machtgierigen Emporkömmlingen in Verwaltung und Militär, zerstörten auch in den Provinzen den Frieden und die Rechtssicherheit. Durch Scheinprozesse suchten die jeweiligen Machthaber auch ihre politischen Gegner oder unterlegenen Konkurrenten aus dem Weg zu räumen. Angst, Argwohn und Lüge machten sich unter den Menschen breit. Man wußte nicht mehr, wem man etwas sagen konnte und wem man vertrauen konnte. Viele Prokuratoren, die ihr Amt nur durch Gewalt, Druck oder Korruption erhalten hatten und um ihre Stellung fürchteten, schleusten Denunzianten, Agenten, Spitzel und Geheimpolizisten ein, um ihre Gegner aufzuspüren. Ein besonderes Mißtrauen entwickeln gewissenlose Machthaber stets gegen die ehrlichen, unbestechlichen und verantwortungsvollen Beamten, die es in Verwaltung und Justiz immer auch noch gibt. So wuchs die Zahl der ungerecht Verurteilten und politisch Verfolgten immer mehr an.

Für sie im Namen der Gerechtigkeit einzutreten war in dieser politischen Situation und der immer mehr korrupten Justiz besonders gefährlich. Man konnte sich hier schnell den Ruf eines Parteigängers der Gegenseite einhandeln und dasselbe Schicksal erleiden. Augustinus sah aber auch darin eine Aufgabe, der er sich als Bischof stellen mußte. Der afrikanische Prokurator Heraclianus hatte sich 410 gegen Kaiser Honorius erhoben und suchte die Macht an sich zu reißen. Marinus, der ihn im Auftrag des Kaisers besiegte, wurde sofort zu seinem Nachfolger ernannt. Nun begann in Nordafrika ein Schreckensregiment: Von Angst, Rachsucht und Selbstüberschätzung getrieben, ließ er alle Anhänger, Freunde und Bekannten seines Vorgängers aufspüren, verhaften und teilweise gleich hinrichten. Ein Wort genügte jetzt schon, um das Leben eines Mitmenschen zu beenden. Kein Wunder, daß nun viele versuchten, auch ihre persönlichen Feinde durch verleumderische Aussagen über die Klinge springen zu lassen. Absichtliche Falschaussagen und Denunziantentum kochten hoch. Die Kinder dieser Welt sind im Umgang mit ihren Mitmenschen stets gewiefter als die Kinder des Lichts!

Auch zwei Freunde Augustins, Tribun Marcellinus und sein Bruder, Prokonsul Apringius, beide rechtschaffene Beamte und Christen, fielen einer Denunziation zum Opfer und wurden festgenommen. Augustinus eilte sofort von der Bischofskonferenz in Karthago zum neuen Prokurator, um ihm ins Gewissen zu reden. Marinus war zwar auch Christ, aber mit starker Neigung zum Donatismus. Er versprach zwar, die Sache in Ruhe zu überprüfen, ließ sie aber nicht frei. So beschloß die Bischofskonferenz, einen Bischof den langen Weg nach Rom zu senden, um an höchster Stelle einen Freispruch für die ungerecht Verhafteten zu erwirken. Mit Erfolg: Der Kaiser erteilte den Befehl, Marcellinus und Apringius freizulassen. Inzwischen besuchte Augustinus die Inhaftierten im Gefängnis, um sie zu trösten und ihnen die Sakramente zu spenden. Prokurator Marinus wußte, daß er chancenlos sein würde, wenn der Befehl aus Rom einmal angekommen war. So spielte er ein doppeltes Spiel: Er ließ den Bischöfen mitteilen, daß er den Gefangenen das Leben schenken würde, ließ sie jedoch über Nacht ohne Gerichtsurteil einfach hinrichten. Angesichts dieses gewissenlosen und schockierenden Amtsmißbrauchs fürchteten natürlich auch die Bischöfe um ihr Leben und wagten sich nicht mehr aus der Kirche von Karthago heraus. Augustinus hielt es nicht nur für sinnlos, sondern auch für unwürdig, bei einem solch gewissenlosen Tyrannen um Gnade und Schonung für sich und seine unschuldigen bischöflichen Mitbrüder zu betteln und kehrte trotz der Gefahr der Verhaftung nach Hippo Regius zurück. Die Sache schien für ihn aber keines-

falls erledigt. Es handelte sich hier ja nicht um einen Justizirrtum, sondern um Amtsmißbrauch und Staatsterror. Dies widerspruchslos hinzunehmen würde nicht nur die Bischöfe unglaubwürdig machen, sondern auch die Autorität des Rechts und die Rechtssicherheit vollkommen zerstören.
Diktatur und Gewaltherrschaft setzen sich meist auch dadurch durch, weil es in Beamtenschaft und Verwaltung doppelzüngige Mitläufer gibt, die sich aus Angst, Berechnung oder gar wegen des eigenen Vorteils und Karrierestrebens gefügig machen. So auch in diesem Fall: Der Präfekt Cäcilianus war ein Freund des neuen Prokurators und hatte dessen täuschendes Spiel mitgespielt: Den Bischöfen gegenüber gab er den Anschein, daß er deren Einsatz zur Freilassung der Unschuldigen unterstütze, danach wurde aber offensichtlich, daß er in Wirklichkeit an deren Ermordung tätlich mitgewirkt hatte. Augustinus redete ihm mit einem mutigen und klaren Brief ins Gewissen: Er betonte die Unschuld und den Edelmut der Getöteten. Dann lenkte er den Blick auf das Gericht Gottes: Marinus und er würden ihr Tun einmal vor Gott verantworten müssen: Ein Auge gibt's, das alles sieht, auch was in dunkler Nacht geschieht! Wie ihr richtet, so werdet ihr gerichtet werden! – Auffällig und beeindruckend ist an diesen deutlichen Worten, daß es in diesem Fall gar nichts mehr wiedergutzumachen gab: Marcellinus und Apringius waren tot, und Marinus war bereits beim Kaiser in Ungnade gefallen und hatte sich sogar, um sein Leben zu retten, in das Asyl der Kirche flüchten müssen. Cäcilianus hätte bei diesem abgesetzten Freund auch nichts mehr bewirken können, nicht einmal die posthume Rehabilitation der Getöteten. Er mußte an den einfühlsamen und ehrlichen Worten spüren, daß es Augustinus um ihn selber und sein Heil ging, obwohl er sich vorher als Lügner und Mörder erwiesen hatte. Seine Mahnung hatte Augustinus so formuliert, daß Cäcilianus sich als Vernünftiger geehrt fühlen konnte.
Wir wissen nicht, ob dieser mutige und klare Brief bei Cäcilianus etwas bewirkt hat, aber der endgültige Ablauf der Dinge könnte darauf verweisen: Ein Jahr später wurden die Getöteten durch ein kaiserliches Edikt als „Männer vortrefflichen An-

denkens" rehabilitiert. Sie gehören auch zu den verehrten Heiligen der Kirche. Dieses Beispiel zeigt, mit welcher Klarheit, mit welchem Mut und mit welcher Menschenliebe Augustinus seinen Grundsatz „Den Irrtum hassen, den Irrenden aber lieben!" praktisch verwirklicht hat.

„Wo Sünden, da Vielheit" (Origenes)

Der Kampf mit einem äußeren Feind verdichtet stets die Glaubensstärke und Einheit der Kirche. Aus der Zeit der Verfolgungen bis Kaiser Julian Apostata war die Christenheit als der Sieger hervorgegangen. Die frühen Väter der Kirche waren angesichts des verleumderischen Staatsterrors und des heidnischen Staatskultes für Glaubens- und Gewissensfreiheit eingetreten. Nun hatten sich, als Augustinus Bischof geworden war, die Verhältnisse vollkommen verändert: Das Christentum nizänischen Glaubens war unter Kaiser Theodosius zur Staatskirche erhoben worden. Die Christianisierung des Imperiums wurde staatlich gefördert und gesetzlich gesichert. Dies war natürlich ein Prozeß mit einer doppelten Ambivalenz: Viele Menschen wandten sich dem neuen Glauben zu, blieben aber in Brauchtum, Kultformen und Weltbild teilweise Heiden. So entstanden innerhalb der Kirche und Glaubenspraxis vielfältige halbheidnische Mischformen, denen – wie Augustinus weitblickend erkannte – nur mit geduldiger Aufklärung über Generationen hinweg abgeholfen werden konnte. Mit gesetzlichem Zwang allein war hier wenig zu erreichen.
Die Gründe, Christ zu werden, hatten sich ebenfalls tendenziell verändert: Waren früher nur wirklich Überzeugte und Bekehrte den Gemeinden beigetreten, hatte man es jetzt immer mehr mit Halbbekehrten zu tun, die sich nur aus Anpassung oder der Suche nach persönlichem Vorteil dem neuen Glauben zuwandten. Wenn eine verfolgte Minderheitskirche so schnell zur Volkskirche wird, dann entsteht das neue Problem der Veräußerlichung und Verflachung. Viele überzeugte Christen, die ihren Glauben trotz Verfolgung, Entrechtung und per-

sönlichen Nachteilen bekannt und durchgehalten hatten, sahen in der neuen Volkskirche oft nur noch eine unglaubwürdige Scheinkirche und grenzten sich von ihr ab. Es bildeten sich viele Sekten und Gegenkirchen, die ihre „Überzeugtheit" auf vielerlei Halbwahrheiten stützten: Weltverteufelung, Okkultismus, ungesunde Märtyrerverehrung und Esoterik. So entstand die zweite Ambivalenz: Der leichtlebigen Christentümlichkeit der Massen stellte sich als Reaktion der teilweise charismatisch-fanatische Fundamentalismus starker Minderheiten gegenüber. Augustinus hatte in Nordafrika am stärksten mit der Gegenkirche der Donatisten zu kämpfen; in weiterem Umfang aber auch mit den Pelagianern und den synkretistischen Manichäern, denen er selbst angehört hatte.
Der Fanatismus dieser Gruppierungen entwickelte zweifellos einen charismatischen Missionsdrang, der aber nicht den sozialen Frieden und die Einheit der Menschen förderte, sondern die Gesellschaft spaltete, die Menschen gegeneinander aufhetzte und damit den Staat durch Chaos und Gewalt an den Rand des inneren Zusammenbruchs führte. Wer zu den Donatisten übertrat, diente gar nicht mehr der Gesellschaft und Mitbürgern anderer religiöser Überzeugung, sondern trennte sich davon, vom „Reich des Satans". Diesem Problem des religiösen Fundamentalismus und der verführerischen Halbwahrheit konnte man mit dem Prinzip der Toleranz allein nicht begegnen: Toleranz gegen kämpferische Intoleranz würde nicht nur die Kirche des wahren Glaubens zerstören, sondern auch den schon unter den Barbareneinfällen der Völkerwanderung, der Dekadenz und der Selbstauflösung leidenden Staat weiter schwächen. Augustinus setzte hier auf geduldige, aber auch klare und aktive Überzeugungsarbeit durch Lehre und sachliche Auseinandersetzung, auf mutige *correctio fraterna*, die die fundamentalistischen Irrlehrer zu intellektueller Rechtfertigung zwang, lehnte aber die Anwendung von staatlichem Zwang oder gar einer Sippenhaft für persönlich Unschuldige ab. Aus Irrtum folgender Fanatismus ist zu allem fähig und gefährdet auch das Gemeinwohl. Glaubensfreiheit erfordert Toleranz. Diese Toleranz hatten die verfolgten Christen auch

immer zu Recht eingefordert. Aber wenn Toleranz zur Preisgabe und Verlust der Wahrheit führt, dann fördert man einen Ungeist, der nicht nur zum Verlust der Glaubenswahrheit, sondern auch zur Zerstörung der Kultur, der Rechtssicherheit und des sozialen Friedens führt. Wahrheit und Freiheit gehören zusammen und bedingen einander. Unfreiheit und Lüge aber auch. Man kann Freiheit nicht ohne Wahrheit, und Wahrheit nicht ohne Freiheit wollen. Augustinus hat diese Überzeugung in der jahrelangen und fruchtlosen Auseinandersetzung mit dem fundamentalistischen Donatismus (siehe S. 54 ff.) entwickelt und nach längerem Zögern erst in den *Retractationes* literarisch umgesetzt.

Später versuchte man, die Praxis staatlichen Glaubenszwangs mit einer einseitigen, ja verfälschenden Interpretation der Lehre des Kirchenvaters Augustinus zu rechtfertigen: Im katholischen Bereich wären hier zu erwähnen das Wirken der Inquisition, die Zwangschristianisierung der Indios und andalusischen Muslime; in protestantischen Gebieten die Katholikenverfolgung Heinrichs VIII. und Elisabeths I. in England, die Zwangsprotestantisierung aller Untertanen durch die deutschen Fürsten; und bei beiden die repressiven Gesetze gegen die Juden. Die Gedanken der Gewissens- und Religionsfreiheit, sowie die durch Aufklärung und Französische Revolution begründete Säkularstaatsidee waren eine Reaktion auf diesen ideologischen Mißbrauch. Das Problem des Verhältnisses von Freiheit und Wahrheit ist auch in der postmodernen Gegenwart keineswegs gelöst. Nach zwei Weltkriegen, der Erfahrung von Diktatur und den Verbrechen des Holocaust erwuchs neu die Erkenntnis, daß jede humane Gesellschaftsordnung auf Grundwerte und eine Moral angewiesen ist, die ein rein säkularer Staat aus sich selbst nicht begründen kann: Das Prinzip einer objektiven und unbedingten Menschenwürde als Basis aller primären Grundrechte der Person ist nicht positivistisch zu setzen, sondern bedarf, wie Ernst-Wolfgang Böckenförde betont hat, einer Weltanschauung und eines Menschenbildes, die ohne Religion und den Glauben an die Gottebenbildlichkeit des Menschen letztlich nicht begründbar sind. „Wenn es

Gott nicht gibt, dann ist alles erlaubt, und über Gut und Böse wird nirgendwo geurteilt!" sagt Dostojewskij. So braucht auch der moderne Rechtsstaat die Kirche und den Glauben. Das *Grundgesetz der Bundesrepublik Deutschland* beginnt deshalb seine Präambel mit: „Im Bewußtsein seiner Verantwortung vor Gott und den Menschen" und formuliert auf dieser Basis die Grundrechte (Art. 1–19). Der Anspruch auf Glaubens- und Gewissensfreiheit setzt eine Bejahung und Befolgung der menschlichen Grundrechte voraus. Dies gilt besonders für Parteien, Vereine und Religionsgemeinschaften. Toleranz gegen verfassungsfeindliche Intoleranz darf es nicht geben. Diese Grundkonzeption des modernen deutschen Verfassungsstaates als wehrhafter Demokratie auf der Basis *objektiver* Grundrechte kommt zumindest in vielen Punkten mit den wirklichen Ideen Augustins überein.

Augustinus schrieb in der Drangsal dieser Zeit sein Werk *De unitate ecclesiae* (Von der Einheit der Kirche). Er entwickelte hier jene reflektierte und differenzierte Ekklesiologie, die für die abendländische Theologie und Kultur prägend werden sollte: Er unterschied zwischen sichtbarer und unsichtbarer Kirche, der Kirche auf dem Weg durch die Zeit als kämpfender, und der in Gott vollendeten Kirche als triumphierender. Die Kirche ist eine Wirklichkeit eigener Art und eigenen Rechtes. Sie ist göttlichen Ursprungs und nicht Produkt weltlicher Macht und Autorität. Dadurch hat sie eine innere Freiheit und Selbständigkeit, durch die sie ein Verhältnis zum Staat aufbauen und entwickeln kann. Ihre Aufgabe und ihr Ziel ist die Heiligung der Welt, weswegen sie nie völlig autonom neben oder über dem weltlichen Staat stehen kann. Da ihre Mitglieder als Menschen beiden Welten zugleich angehören und in ihnen leben, können Staat und Kirche nicht völlig autonom sein.

Diesem differenzierten und weltbezogenen Kirchenbild entsprach auch ein pragmatisches und realistisches Welt- und Geschichtsbild, das die Verlorenheit der Welt durch die Sünde ernst nahm, ohne die Welt hoffnungslos zu entwerten und abzulehnen. In allem, auch dem Sündhaftesten, gibt es noch eine verbliebene Gutheit, die allen Einsatz wert ist. Die Kirche braucht den Ernst der Sünde und des Bösen nicht herunterspielen. Sie darf im Vertrauen auf Gottes Gnade in allem und jedem Schlechten das sehen, was aus ihr oder ihm noch werden kann. Das gilt für jeden Menschen als Einzelnen, aber auch für den Staat und die Welt als Ganzes. Diese realistische und zugleich hoffnungsvolle Ekklesiologie schuf die abendländische Kirche, die den Zusammenbruch des Römischen Reiches überstand und alles Gute und Wahre der Antike durch die Wirren der Völkerwanderungszeit hindurch zum Aufbau einer neuen Kultur bewahrte. Augustinus sah diese Entwicklung voraus und entwickelte angesichts des bevorstehenden und unvermeidbaren Zusammenbruchs des Imperiums seine Geschichtstheologie *De civitate Dei* und seine Kirchenlehre *De unitate ecclesiae,* die innerlich untrennbar zusammenhängen.

Mensch, werde wesentlich, denn die Welt vergeht ! – Letzte Kämpfe und Tod

Kaum waren die schwersten Auseinandersetzungen mit den Donatisten ausgestanden, wurde sichtbar, daß der Zusammenbruch des Imperium Romanum unaufhaltbar war. Im Sommer des Jahres 410 durchbrachen nach langer Belagerung Alarichs Westgoten die Aurelianische Mauer und eroberten Rom. Die alte Kaiserstadt, das ideelle Zentrum der römischen Welt, jahrhundertelang unangetastet, wurde zerstört, die Tempel und Paläste angezündet und ausgeplündert. Um nicht wie viele andere dem Massaker zum Opfer zu fallen, flohen Scharen von Einwohnern nach Süden und kamen mit ihren verstörenden Hiobsbotschaften auch bis nach Nordafrika. Augustinus rief zu Nothilfe auf, um die Flüchtlinge zu beherbergen und zu versorgen. Schlimmer als diese praktischen Probleme wirkte jedoch der seelische Schock, sowohl bei den Heiden, als auch bei den Christen: Rom galt immer als die „ewige Stadt", das Symbol für die größte und leistungsfähigste Kultur der Erde, von den Göttern beschützt. Ihre Unbesiegbarkeit war gerade

in den Krisenzeiten der Völkerwanderung und des Niedergangs ein bleibendes Hoffnungssymbol gewesen. Für die heidnischen Römer ging eine Welt unter: Wenn kulturlose, fellbehangene Barbaren schon das Zentrum erobern, dann hatten die Götter Rom verlassen. In den Augen der Heiden waren Reich und Kult eins. Die einen sagten: Die Götter, die das Zentrum ihrer Verehrung nicht schützen können, sind abgetreten. Andere erklärten: Die Götter sind beleidigt und haben Rom preisgegeben, weil die Römer sie nicht mehr verehrt haben und zum Christentum übergelaufen sind. Schuld am Fall Roms sind also, wie man jetzt deutlich sieht, die Christen.
Solcher Kritik standen nun ähnlich verstörte Christen gegenüber: Rom hatte doch das Christentum angenommen und die Kirche gefördert. Die weitere Ausbreitung des Glaubens stand ja auch unter dem Schutz des römischen Staates. Die stillschweigende Identifikation von Religion und Staat nach heidnischem Modell hatte auch auf die Christen übergegriffen. Viele hielten das Imperium Romanum für das Symbol des Reiches Gottes auf Erden und hatten ihm gegenüber ein numinoses Verhältnis beibehalten. Wie konnte Gott es einfach den plündernden Barbaren und Heiden überlassen? Kommt jetzt vielleicht schon, wie die Offenbarung des Johannes angekündigt hatte, das Reich der Finsternis, in der Satan die Kirche und den Glauben zu zerstören sucht? Wenn die Mächte des Bösen derart entfesselt sind, ist das Ende der Welt wohl nahe! Andere Christen fielen in schwere Zweifel an der Wahrheit des Glaubens selber: Rom barg die Gräber der Apostelfürsten Petrus und Paulus. Was ist das für ein Gott, der die Basiliken seiner größten Heiligen der Schändung durch die Barbaren preisgibt? – Apokalyptische Ängste, fundamentale Glaubenszweifel und Hoffnungslosigkeit trieben die Menschen aus den Kirchen und hetzten Heiden und Christen erneut gegeneinander auf. Die Gläubigen erwarteten von den Bischöfen eine Deutung und Erklärung, die sie brauchten, um der Kirche weiter vertrauen zu können. Hatten die Geistlichen nicht immer gesagt, daß die Bekehrung zum Christentum der einzige Weg zur Rettung und Wiedererstarkung des zusammenbrechenden Imperiums sein

würde? Und das Gegenteil war jetzt der Fall! Was sollte man jetzt noch glauben?

Es ging in dieser Krise um Sein oder Nichtsein: Aber nicht nur wie vorher um Sein oder Nichtsein des christlichen Glaubens und der Kirche, sondern jetzt um Sein oder Nichtsein auch der zivilisierten Menschheit, der Gesellschaft und der Kultur. Augustinus griff nach dem Evangelium und hielt Krisenpredigten: Gott habe hier gehandelt wie der Arzt im Gleichnis Jesu, der mit dem Messer das faule Fleisch abtrennt, wie der Schmied, der „das Gold im Ofen läutert", oder wie der Gärtner, der Spreu vom Weizen trennt und das Olivenöl vom ausgepreßten Treber. Das römische Imperium ist nur ein Reich dieser Welt und nicht mit der Kirche identisch. Die Kirche lebt zwar in Welt und Staat und dient ihnen, sie ist aber nicht *von* dieser Welt. Die Reiche dieser Welt sind vergänglich, die Kirche sorgt sich um das, was bleibt für das ewige Leben. Das Imperium nur Spreu und Treber? Nur Fäulnis und Rost? Das wirkte auf die Römer pietätlos und provozierend. Aber hier kommt wieder die Ambivalenz zum Vorschein, die Augustins Geschichts- und Kirchentheologie auszeichnet: Weizen und Öl brauchen in der Welt die Spreu und die Olivenkerne, um entstehen zu können. Mehr als sie tragen können diese nicht. Und ohne sie haben sie keinen ewigen Wert.

Augustinus zielt hier nicht auf eine Abwertung der Reiche dieser Welt, sondern nur auf deren Entsakralisierung und Entmystifizierung. Das Römische Reich ist nicht das Reich Gottes auf Erden, sondern nur sein eventuelles Werkzeug und sein Förderer. Und auch dies nur insofern, als es gut ist und dem Evangelium entspricht. Es kann vergehen und muß auch irgendwann vergehen (!), ohne daß die Kirche vergeht. Sie selber kann als Same, Feuer und Öl auch in andere Kulturen und Zeiten eingehen und in ihnen das Wachstum des Reiches Gottes auslösen. Weil aber auch Fäulnis und Rost im Römischen Reich – wie in allen Reichen der Welt – weiterwirkten, hat das Römische Reich der *civitas dei* auch geschadet. So konnte und mußte Gott nun seinen Untergang zulassen, damit die Kirche weiter wächst und lebt. Auf die Reiche dieser Welt als *civita-*

tes terrenae darf der Christ nicht seine Hoffnung setzen: Reiche kommen und gehen, doch Gottes Wort bleibt – bis ans Ende der Tage. Mit dieser Botschaft wollte Augustinus eine neue Hoffnung erwecken, die jetzt im Zeitlichen auch in Krisen das ihre für das Zeitliche tun kann; eben *weil* sich die Hoffnung der Gläubigen nicht auf das stützt, was vergänglich ist.

Hinter dem, was Augustinus in dieser Phase höchster Krise verkündete, verbarg sich eine neue Geschichtstheologie, die er in nächtlicher Arbeit während der nächsten Monate entwickelte und niederschrieb. So entstand sein größtes Werk: *De civitate Dei* (Vom Staat Gottes). Ohne in Pessimismus und Weltflucht zu verfallen und seine Verantwortung für die Menschen und das Zeitliche aufzugeben, blickte er schon auf das Kommende und entwickelte eine Welt- und Geschichtsdeutung, die die Christenheit für das Neue vorbereitete: die Christianisierung und Kultivierung des Abendlandes.

Mit der Eroberung Roms durch Alarich war das weströmische Reich noch nicht völlig zerstört, aber sein Nimbus war verloren. Es existierte noch offiziell bis 476 weiter, bis die Goten den letzten Kaiser Romulus Augustulus absetzten. Unfähig, die eingefallenen Barbaren (West- und Ostgoten, Burgunder, Alanen, Sueben und Vandalen) noch militärisch zu besiegen, akzeptierte man ihre Ansiedelung innerhalb der Provinzen, wo sie die faktische Macht ausübten. Die Machtverhältnisse waren unklar, von Provinz zu Provinz verschieden. Überall entstanden neue Mischgesellschaften von Barbaren und Romanen. In Italien breitete sich wieder der Arianismus aus, weil die Goten Arianer waren. Das oströmische Reich war weiter stark und unbesiegbar, hielt sich aber bis Kaiser Justinian (527–565) zurück und gab die Weströmer den Barbareneinfällen der Völkerwanderungszeit preis. Mochten die Barbarenvölker zwar die militärischen Sieger sein – die römische Kultur und Lebensart faszinierte sie, der sie selber kulturell nichts entgegenzusetzen hatten. Die Vermischung und Integration ging schnell voran. Hier entstanden neue Missionsgebiete für die katholische Christenheit.

Augustinus stellte sich diesen neuen Aufgaben mit großem Weitblick und unerschöpflichem Einsatz. Die Schwäche, die sein zunehmendes Alter und seine angegriffene Gesundheit mit sich brachten, glich er durch zielstrebigen Elan und unerschütterliche Willenskraft aus. Auf dem Weg zu Synoden, öffentlichen Predigten und theologischen Diskussionen mit den durch die Goten neuerstarkten Arianern legte er in ganz Nordafrika Tausende von Kilometern zu Pferde zurück. Wegen seiner Kompetenz und geistigen Kraft, die ihn schon vorher zur Führungsgestalt der lateinischen Kirche gemacht hatten, wollte er seine letzten Lebensjahre vorwiegend dem Schriftstellertum und einer weitsichtigen Kirchenpolitik widmen. Nach seinem 72. Geburtstag im Herbst 426 ernannte er Heraclius zu seinem *Koadjutor* (Amtsgehilfen) mit Recht auf Nachfolge als Bischof von Hippo Regius und überließ ihm die lokalen Aufgaben vor Ort, die ihn früher fast den ganzen Tag gekostet hatten.

Die gewonnene Zeit übergab er jedoch nicht dem Nichtstun. Erstaunlich viele literarische Werke gegen auf diese letzte Phase zurück: 413 hatte er sein apologetisches und geschichtstheologisches Hauptwerk *De civitate Dei* begonnen, dessen Fertigstellung sich bis 427 hinzog. Im Gnadenstreit mit den Pelagianern entstanden ab 415 *De natura et gratia, De perfectione iustitiae hominis* und *De patientia;* gegen die Semipelagianer schrieb er 426 *De gratia et libero arbitrio.* Daneben entstanden noch zahlreiche Werke zu moralischen, spirituellen, exegetischen, liturgischen und kirchenpolitischen Fragen: 419 *De coniugiis adulterinis* und *Contra mendacium* (Über Ehebruch; Gegen die Lüge), 421 zur Regelung der Begräbnisliturgie und zum richtigen Dienst an den Toten *De cura pro mortuis gerenda,* und der systematische Kurzkatechismus *Enchiridium ad Laurentium.* 429 arbeitete er noch an *De dono perseverantiae* (Über die Gabe der Beharrlichkeit) und an *De praedestinatione sanctorum,* um seine Gnadenlehre gegen die Angriffe Johannes Cassians zu verteidigen.

Dieses Werk, das auch unter dem Titel ***Enchiridion*** oder *De fide spe et caritate* bekannt ist, gibt es auf deutsch: AURELIUS AUGUSTINUS. *Enchiridion de fide, spe et caritate. Handbüchlein über Glaube, Hoffnung und Liebe.* Text u. Übers. m. Einl. u. Ktr. von Joseph Barbel, 1960 oder AURELIUS AUGUSTINUS, *Das Handbüchlein.* Übertr. u. erl. von Paul Simon, 2. Aufl. 1962

Insgesamt zählen seine Werke 113 Bücher und Hunderte von Briefen, Predigten und Kleinschriften.
Augustinus, schon fortgeschrittenen Alters, wußte, daß sein Leben bald zu Ende gegen würde. Zudem war klar, daß auch seine alte Welt, das Imperium Romanum, unaufhaltsam dem Zusammenbruch entgegenging und wohl nicht mehr zu retten sein würde. Eine völlig neue Welt würde entstehen, deren Werdegang und Charakter noch nicht festgelegt waren und deshalb von der Kirche positiv mitgeprägt werden konnten, sofern sie dazu den Mut, die Ideen und das Programm hatte. Davon hing auch das Überleben und Weiterexistieren des Christentums ab. Augustins Denken hatte im Laufe der Jahre auch einen gewissen Wandel durchgemacht: Seine frühen Schriften waren geprägt von der Radikalität und Euphorie eines Neubekehrten. Erst durch die lange seelsorgliche Praxis konnte er einen nüchterneren und sachlicheren Umgang mit dem entwickeln, was Bekehrung eines Menschen und die Christianisierung einer heidnischen Welt bedeutet.
Dadurch modifizierte sich auf vielerlei Ebenen auch langsam sein Verständnis von Sünde und Gnade, Wahrheit und Freiheit, Kirche und Staat, sowie die Bestimmung des Verhältnisses beider zueinander. Augustinus blieb Zeit seines Lebens ein Lernender und versuchte, seine Ansichten den neuen Erfahrungen anzupassen und notwendigerweise auch alte Positionen zu widerrufen oder zu verändern. Diesen Wandel der Auffassung freimütig und öffentlich einzugestehen scheute er nicht. Nun waren aber viele seiner früheren Schriften, zu deren Inhalten er teilweise nicht mehr stehen konnte, in weitverbreiteten Umlauf gekommen. Das machte ihm Sorgen. Meist handelte es sich nicht um grundsätzliche Falschheit, sondern nur um Schiefheit, Unvollkommenheit oder Einseitigkeit. Aber dies konnte bei Unwissenden und Vertrauensseligen zu einem falschem Handeln führen, das er selbst nicht mehr berichtigen können würde, wenn er bald das Zeitliche verlassen müßte. So begann er 426 mit den *Retractationes,* seinem letzten größeren Werk, das einen selbstkritischen Rückblick über sein gesamtes literarisches Schaffen darstellt. Gewissenhaft ging er alle

seine früheren Werke und Thesen durch und berichtigte alles, wo er sich früher geirrt hatte, oder zu neuer, reflektierterer, weitsichtigerer oder realistischerer Überzeugung gelangt war. Die *Retractationes* sollten ein Leitfaden sein, der dem Leser Richtung und Orientierung auf dem Weg durch sein gigantisches Oeuvre verleiht, vieles relativiert und zum eigenen Urteil anregt. Diese gewissenhafte und ehrliche Selbstkritik ist auch Ausdruck seiner richtigen Selbsteinschätzung, in der er voraussah, daß seine Ideen noch eine lange und bedeutsame Wirkungsgeschichte haben würden, die über seine Epoche weit hinausgeht. Es ging ihm bei seinem unermüdlichen schriftstellerischen Wirken nicht um Selbstdarstellung, sondern um die Wahrheit. Nur ein richtiges Denken und eine reflektierte christliche Lehre würden eine bessere neue Welt schaffen. Deshalb kümmerte er sich auch gewissenhaft um eine weite Verbreitung seiner Schriften: In Hippo richtete er in seinem Kloster eine Schreibstube ein, in der zuverlässige Skriptoren viele neue Exemplare seiner Werke anfertigten und zum Versand im ganzen Imperium vorbereiteten. Dazu kam auch noch eine sorgfältige Archivierung aller von ihm selbst korrigierten Vorlagen. Dieser Aufwand ist einer der Gründe, warum sein literarisches Schaffen fast vollständig erhalten blieb und bis in die Gegenwart weiterwirken konnte.
„Wir müssen, solange es Tag ist, die Werke dessen vollbringen, der mich gesandt hat, denn es kommt die Nacht, in der niemand mehr etwas tun kann“ (Joh 9,4). Dieses christliche *carpe diem* hatte Augustinus immer befolgt, in Denken, Reden und Tun, in Praxis und Theorie. Auch die Zeitentwicklung auch gab dem unermüdlichen Schreibdrang seiner letzten Jahre recht. Das unaufhaltsame Ende der alten römischen Welt war gekommen: Die heidnischen Vandalen unter König Geiserich drangen mit den Alanen in das Imperium ein, zogen zerstörend und mordend durch Gallien und Hispanien, überwanden den Golf von Gibraltar und gelangten durch Nordafrika bis vor die Stadttore Hippos (429). Auf dem ganzen Weg hinterließen sie nur verbrannte Erde: Alle Häuser und Kirchen wurden geplündert und angezündet, Frauen vergewaltigt, Männer und

Kinder gefoltert und umgebracht. Panik und Entsetzen breitete sich aus, und eine Massenflucht begann. Die Menschen strömten in Scharen nach Osten, versteckten sich in den Bergen, Feldern und Wüsten und gingen dort meist verzweifelt zugrunde. Auch die Kirchengemeinden konnten nichts mehr tun, denn fast alle Priester wurden umgebracht und das Gotteslob verstummte. Wer an Leib und Seele gebrochen überlebte, mußte den Vandalen Frondienst leisten. Auch viele Bischöfe und Geistliche dachten an Flucht, denn es schien sinnlos, noch dazubleiben, weil man nichts mehr tun konnte. Die Kirchen und christlichen Gemeinden vor Ort würden nicht überleben. Wäre es nicht vertretbar, anderswohin zu fliehen, um dort seelsorglich weiterzuwirken, anstatt sein Leben aufzugeben?
Augustinus war durchaus klar, daß jeder Seelsorger, der bei seiner Gemeinde blieb, sich dem Tod oder der Versklavung auslieferte. Aber der gute Hirt gibt sein Leben für die Schafe, während nach dem Evangelium nur der bezahlte Knecht vor dem Wolf flieht und die Herde zurückläßt, weil ihn an den Schafen nichts liegt (vgl. Joh 10, 11–21). Jetzt war die Zeit gekommen, sich als guter Hirt zu erweisen! – Augustinus ordnete an, daß Priester zwar *mit* ihren Gemeinden fliehen dürften, wenn diese ihren Ort aufgaben, sie aber nicht im Stich lassen dürften, um selbst ihr Leben zu retten. Der alte Bischof ging selbst mit gutem Beispiel voran: Als die Vandalen mit ihrem Heer Hippo Regius erreichten, blieb er bei den Eingeschlossenen. Es begann eine vierzehnmonatige Belagerung. Jeder Kontakt nach außen war ausgeschlossen, Hunger, Elend und Hoffnungslosigkeit breiteten sich aus. Die letzten Reste der römischen Legion unter Bonifacius kämpften mit dem Mut der Verzweiflung. Nach Hippo waren auch einige Bischöfe aus der Umgebung geflüchtet. Einer von ihnen, Possidius von Calama, berichtet über diese letzten Monate im belagerten Hippo. Seine Worte, bewegend und einfühlsam, sind das letzte Zeugnis für die Standhaftigkeit und Seelengröße des 76jährigen Augustinus. Vier letzte Aufgaben hatte er noch zu erfüllen: (1) in Predigt und Verkündigung den Mut und die Widerstandskraft der Menschen zu stärken, Hoffnung im Glauben zu erwecken

und ihnen die apokalyptische Situation so zu deuten, daß sie das Vertrauen in Gott nicht aufgaben; (2) im Bischofshof das religiöse Leben zu gestalten, damit die Mitbrüder den unerforschlichen Willen Gottes annehmen, die Hoffnung nicht aufgeben und mit ihm die Menschen stärken können; (3) seine theologischen und spirituellen Werke abzuschließen (so verfaßte er noch sein letztes Werk *Adversus Iudaeos*); und (4) sich selbst auf den nahen natürlichen oder gewaltsamen Tod vorzubereiten. All dies erfüllte er mit unermüdlichem Einsatz, obwohl ihm Altersschwäche, seine schlechte Gesundheit und das Fieber immer weiter die körperlichen Kräfte raubten.

So schreibt Possidius: „Während seines langen Lebens – er wurde 76 – hat der Heilige uns in häuslichen Gesprächen immer wieder gesagt, auch anerkannt eifrige Christen, Priester nicht ausgenommen, dürften nicht ohne würdige und vollständige Buße aus diesem Leben scheiden. Nach diesem Grundsatz handelte er selbst ... Er ließ sich die Bußpsalmen Davids abschneiden und die beschriebenen Blätter seinem Bett gegenüber an die Wand heften. Fortgesetzt schaute er in den Tagen seiner Krankheit auf sie hin, las sie betend ab und weinte dabei oft. Um ganz gesammelt zu bleiben, gab er uns, die wir bei ihm wohnten, etwa zehn Tage vor seinem Hinscheiden die Weisung, niemand zu ihm vorzulassen, außer in den Stunden, da die Ärzte zur Untersuchung kamen oder das Essen gebracht wurde. Das geschah auch, und so widmete er die ganze übrige Zeit dem Gebet." Und an anderer Stelle: „Bis in die Tage seiner letzten Krankheit unterließ er nicht die Verkündigung des Wortes Gottes. Er predigte noch am Lebensabend frisch und kraftvoll. Die Klarheit des Geistes und die Gabe des gesunden Rates waren ihm geblieben. Er war unversehrt an allen Gliedern seines Leibes, sah und hörte gut bis zu der Stunde, da er in unserem Beisein, von unseren Gebeten begleitet, heimging zu seinen Vätern" (zitiert bei Kranz, S. 152 f.).

Augustinus hat den Fall seiner Bischofsstadt nicht mehr miterlebt. Kurz vorher starb er, geschwächt von seinem unermüdlichen Einsatz und der Sorge um die Menschen, eines

natürlichen Todes. Die Gläubigen setzten ihren geliebten Bischof noch bei, bevor die Vandalen durch die Mauern brachen. Die Kirche Nordafrikas konnte sich von den materiellen und ideellen Zerstörungen des Vandalensturms und der darauffolgenden Wirrnis nie mehr wirklich erholen. Zwar stellte das oströmische Reich unter Kaiser Justinian (527–567), der mit seinem Feldherrn Narses auch die arianischen Ostgoten in Italien besiegt hatte, die römisch-christliche Herrschaft vorübergehend wieder her, aber im achten Jahrhundert fiel das nordafrikanische Christentum fast vollständig der Islamisierung zum Opfer. Die Reliquien des hl. Augustinus brachte man, um sie nicht dem Islam zu überlassen, vorher nach Italien. Sie liegen heute in Pavia, in der jetzigen Dominikanerkirche.
Sein Geist und Denken wirkten schon vorher im christlichen Europa weiter. Augustinus wurde durch seine missionarische Ekklesiologie und seine Einflüsse auf das Kirchenrecht zum Vater der lateinischen Kirche, durch seine Spiritualität und Ordensregel zum Vater des abendländischen Mönchtums, durch sein *reddere rationem* und seine *probatio fidei* zum Begründer der lateinischen Theologie als spekulativer Wissenschaft, und mit allem zusammen einer der großen Väter der abendländischen Kultur, die antike Philosophie, römisches Recht und eine rationale Entmystifizierung der Natur unter dem christlichen Geist vereinte. So entstand im Laufe der Zeit das neue Europa, das als erfolgreichste und leistungsfähigste Kultur der Erde immer mehr zur Weltkultur aufsteigt.

III. Themen augustinischer Theologie

Der Grundgedanke seiner Lehre

Zwei kurze und übersichtliche Darstellungen des augustinischen Denkens finden sich bei WILHELM GEERLINGS, *Augustinus,* 1999, und CHRISTOPH HORN, *Augustinus,* 1995.

Augustinus schrieb in den *Epistulae,* deren Entstehungszeit unbekannt ist, einen Satz, der für sein Verständnis von theologischer Wissenschaft als *probatio fidei* (Erweis der Wahrheit des Glaubens) programmatisch ist: „Es ist ausgeschlossen, daß unser Glaube den Verzicht auf vernunftgemäße Erklärung oder vernunftgemäßes Forschen verlangt. Denn wir könnten nicht glauben, wenn wir nicht vernunftbegabte Seelen hätten. Wenn es also ein Vernunftgebot ist, daß bei gewissen erhabenen Dingen, die wir noch nicht begreifen können, der Glaube der Vernunft vorausgeht, so geht auch ohne Zweifel ein bißchen Vernunft, die uns dieses lehrt, dem Glauben voraus" (Epistulae 120, 3). Und: „Es ist ausgeschlossen, daß Gott in uns den Vorzug hasse, den er bei der Schöpfung uns vor den Tieren gegeben hat ... Schätze also das Verständnis überaus hoch!" (Epistulae 120, 3;13). Einen fundamentalen Widerspruch zwischen Glaube, Vernunft und Wahrheit kann es deshalb nicht geben. Trotzdem übersteigt die Wahrheit des Glaubens, weil sie Wahrheit über das Göttliche ist, die Begriffe und Aussagbarkeiten eines dem rein Weltlichen verhafteten Verstandes unendlich. Menschlicher Verstand und menschliche Vernunft können deshalb keine *univoken* (eindeutigen) Aussagen über Gott treffen, sondern nur *analoge* in Entsprechung. Diese Analogie ist deswegen möglich, weil die Dinge dieser Welt, von denen wir unsere Begriffe entnehmen, auf endliche Weise teilhaben an der Gutheit, Wahrheit und Schönheit des unendlichen Gottes. So sagt die *Transzendentalienlehre* der Metaphysik: *Omne ens est unum, verum et bonum* (Alles Seiende ist eins, wahr und gut). So können wir über Gott analog richtige Aussagen machen, solange wir nur immer bedenken, daß das Göttliche selbst alle unsere Sagbarkeiten noch einmal unendich übersteigt.

Der *Mensch* ist immer *auf dem Weg:* Als *homo viator* ist er Teil dieser Welt, alle seine Begriffe, Ideen und Vorstellungen sind der Endlichkeit entnommen. Zugleich ist er schon immer über diese Welt hinaus, auf das Ewige ausgerichtet, das alles Erkennen und Begreifen übersteigt. Er fragt, woher er kommt, und wohin er geht. In seinen höchsten Vermögen, der Erkenntnis und der Liebe, ist er auf eine Wahrheit und ein Sein ausgerichtet, die ihm diese Welt als Welt nicht geben können: „Du hast uns Herr, auf dich hin geschaffen, und unruhig ist unser Herz, bis es ruhet in dir!"

Der Mensch ist in Erkennen, Wollen und Streben des Ewigen fähig. Das ist seine Gottebenbildlichkeit. Als *imago dei* (Ebenbild Gottes) lebt er in der von Gott geschaffenen Welt, die in Sein und Wesen auf endliche Weise teilhat an der unendlichen Wahrheit, Gutheit und Schönheit des Schöpfers. So kann man an den sichtbaren Dingen die Spuren des unsichtbaren Schöpfers erkennen. Die Dinge sind Spuren *(vestigiae)* Gottes. Der Mensch ist aber mehr: Er ist *imago* (Abbild) Gottes selber. So liegt in ihm eine geheimnisvolle Innerlichkeit, die ihm selbst Geheimnis bleibt und auch aus den *vestigiae dei* allein noch nicht erkannt und verstanden werden kann. So entsteht die natürliche *alienatio,* die Selbstentfremdung, die bewirkt, daß sich der Mensch im Innersten aus sich selbst und der Welt nicht erfassen kann. Wenn er zudem seine Gottebenbildlichkeit ablehnt und in die Sünde der rein innerweltlichen Selbstliebe fällt, dann entsteht die *infralapsarische alienatio,* die erbsündliche Selbstentfremdung, in der der Mensch nicht mehr sein will, was er von seinem Schöpfer her ist, das Gute und Wahre ablehnt und so zum Feind und Hasser Gottes wird. So entsteht durch die falsche *amor sui* (Selbstliebe) die *civitas terrena,* die gottferne Welt der Sünde, in der der Mensch durch sein gottfeindliches Sinnen und Streben die Gutheit und Schönheit der Schöpfung – und sich selbst – immer mehr zerstört. So verfällt er auch immer mehr in Selbsthaß und Unzufriedenheit. Augustinus hatte dies in seinem Leben vor der Bekehrung so erlebt und erfahren.

Adhuc in nocte sumus - Der Glaube ist ein Vogel, der singt, solange es noch dunkel ist

Adhuc in nocte sumus! schreibt Augustinus deshalb immer wieder: „Wir sind immer noch in der Nacht" (Sermones 49, 3,3). Diese Nacht ist aber eine zweifache: Sie ist zunächst jener dynamische Zustand, in der wir Gott nur in seinen Spuren in der Welt erkennen und erahnen. Weil alle guten Geschöpfe in sich die endlichen Abbilder der Gutheit und Wahrheit des Schöpfers tragen, sind sie auch ohne Gott in ihrem letzten Sinn nicht erkennbar. So erweckt die Welt zuerst die Erfahrung des Nebels und der Gottferne, und dann eine unstillbare Sehnsucht, die den Menschen antreibt, durch die Nacht dieser Welt seinem ewigen Ziel, dem wahren Gott als Licht und Leben entgegenzugehen. Wir kommen aus dem Licht und gehen in das Licht. Die Nacht dieser Welt wird zum dynamischen Durchgang, zum Weg zwischen Abend und Morgen. Wenn der Mensch dies erkennt, dann entsteht im Menschen die Erfahrung der Welt als *„Clair-obscur"*, wie der Existenzphilosoph Peter Wust es genannt hat, die Gottferne und Gottnähe zugleich ist und ihn antreibt, dieses Halbdunkel seiner Gottesgewißheit zu überwinden. Das Halbdunkel der Gottnähe und Gottferne ist dadurch positiv auch der Raum der menschlichen Freiheit, in dem noch nichts vorweggenommen ist und in dem jeder Mensch eine selbstursprüngliche Entscheidung für oder gegen Gott treffen kann.

Vgl. PETER WUST, *Ungewißheit und Wagnis* (1937), 1986, S. 92–302.

So besitzt der Glaube, wie Augustinus immer betont hat, auch eine existentielle Dimension der Freiheit und der Liebe, die nie auf bloße Verstandeserkenntnis und Rationalität reduziert werden kann. Glaube ist auch eine personale und existentielle Beziehung der Liebe im Halbdunkel zwischen Gottferne und Gottnähe, die zwar der Vernunfterkenntnis bedarf, um eine begründete Entscheidung für das Wagnis des Glaubens an einen Gott der Wahrheit und der Liebe treffen zu können, aber der Glaube ist mit dieser Vernunfterkenntnis nicht identisch. Denn im Halbdunkel dieser Welt bleibt Gott durch seine Transzendenz und Ewigkeit immer auch ein Geheimnis.

So entsteht im Menschen, der Gott noch nicht völlig erkennt, als Ebenbild Gottes ein Prozeß dynamischer Dialektik zwischen Gottgeheimnis und Selbstgeheimnis. Theologie und Glaube als reflektiertes Nachdenken über diese Beziehung zu einem transzendenten Gott ist in dieser Welt deshalb immer nur ein Weg *analoger* und *asymptotischer* Annäherung an ein Geheimnis. Erkennen und Verstehen bleibt immer nur Stückwerk. So beschreibt Augustinus sein Arbeitsprinzip als Theologe: *Im Fortschreiten schreibe ich, und im Schreiben schreite ich fort.*

Augustinus entwickelte – wohl auch inspiriert durch den Neuplatonismus des Plotin – ein differenziertes Transzendenzprinzip. Der Mensch als Ebenbild Gottes ist in Denken und Sprache immer schon über das Bloß-Innerweltliche hinaus. Diese Transzendenzfähigkeit ermöglicht es dem Theologen und Verkünder, das Unsagbare in der Endlichkeit des Sagbaren auszudrücken, und dem Hörer und Leser, es zu erspüren. So schreibt Ladislaus Boros: „Es gibt … für Augustinus Augenblicke … in denen es den Anschein hat, als wäre der Mensch von den Banden der Zeitlichkeit befreit, als würde er für einen Augenblick die Ewigkeit verstehen, als hätte er gleichsam Gott berührt. Das sind aber lediglich kurze Momente des Durchdringens. Der Mensch sinkt sofort ins alte Dunkel zurück" (Boros, S. 195). Theologie entsteht, wenn die Kräfte der Erkenntnis und Vernunft zusammenwirken mit der ekstatischen und überkategorialen Kraft unseres Herzens. Hier greift Augustinus die neuplatonische Idee einer ekstatischen *pleroma*-Kraft (vgl. S. 33) der Seele auf. „Sobald ich deiner inne ward, da ließest du das Unvermögen meines Blickes abprallen, da du gewaltig in mir erstrahltest, und ich erzitterte in Liebe und Entsetzen" (Confessiones VII 10,16). „Und da wir so sprachen von der ewigen Weisheit, voll Sehnsucht nach dir, berührten wir sie leise mit dem vollen Aufschwung unseres Herzens" (Confessiones IX 10,24). „Bei aller Betrachtung der Kreatur fragt sich die Seele: Wer wirkte dies alles? Wer schuf es? Wer schuf vor allem dich selbst? Was ist das, was du

„Meine Denkkraft gelangte zu dem, was ist, in einem blitzenden Augenblick zitternder Schau. Aber des Blickes Schärfe vermochte ich nicht darauf zu heften, es prallte meine Schwachheit ab" (Confessiones VII 17,23).

erwägst, und wer bist du, der es erwägt? Wer ist er, der das wirkte, was erwogen wird, und den, der es erwägt?" (Ennarationes in Psalmos 99, 5).

Augustinus entwickelt gegen den gnostisch-manichäischen Dualismus ein positives Schöpfungs- und Weltbild: „Doch manchmal ist die Welt ein lächelnder Ort!" (Sermones 158, 7,7).

Das erste Halbdunkel dieser Welt besteht also darin, daß wir, solange wir in dieser Welt wandern, Gott immer nur in seinen Werken erkennen und über seine Werke bedenken können. Kraft ihrer Gutheit, Wahrheit und Schönheit vermittelt die Schöpfung eine relative Gottnähe, kraft ihrer Endlichkeit aber auch eine relative Gottferne. Die Dinge können uns auch in Gott verliebt machen und uns antreiben, ihn zu suchen. Wir können Gott und sein Wesen mittels der Dinge erkennen und lieben. Aber wir sollen ihn nicht zu finden versuchen, wo wir ihn suchen: „Nehmt einmal an, Brüder, ein Mann machte einen Ring für seine Verlobte, und sie liebte den erhaltenen Ring mehr als den Verlobten, der ihn für sie anfertigte. Sicher mag sie sein Geschenk lieben, aber wenn sie sagte ‚Der Ring genügt mir. Ich möchte sein Gesicht nicht wiedersehen', was würden wir dann über sie sagen? Das Unterpfand ist ihr vom Verlobten gerade darum gegeben, daß sie ihn in ihrem Unterpfand lieben möge. Gott hat euch all diese Dinge gegeben. Liebt ihn, der sie schuf" (Tractatus in Epistulam Ioanni ad Parthos II 11).

Hier klingt schon die zweite Dunkelheit an, die entsteht, wenn der Mensch seine letzte Heimat nicht mehr in Gott sieht und entgegen seiner Natur und Bestimmung sein vollkommenes Glück, seine vollkommene Freude und sein letztes Ziel in der Welt und den Dingen selbst sucht. Dadurch überfordert er jedoch die Welt, weil er von ihr mehr verlangt, als sie ihm geben kann. So entsteht die falsche *amor sui,* die eine Unheilsgeschichte hervorbringt, in der der Mensch durch sein falsches Streben und Wollen die Gutheit, Wahrheit und Schönheit der Welt immer mehr beschädigt und zerstört. Daraus wiederum entsteht die Welt der infralapsarischen Ordnung, die eine gewisse Ambivalenz enthält: Vieles spricht in ihr immer noch für einen guten und liebenden Gott. Das ist die verbliebene Gutheit der Welt. In ihr wachsen aber auch Irrtum, Leiden, Müh-

sal und Tod, die zwar objektiv auf den Sündenfall des Menschen und seine geschichtlich weiterwirkenden Folgen zurückzuführen sind, aber subjektiv im erbsündlich gezeichneten Menschen immer auch Zweifel an der Existenz Gottes oder seiner Gutheit, Einheit und Wahrheit erwecken. So entstehen in der Geschichte die falschen Religionen und Weisheitslehren: Der Polytheismus deutet und erklärt diese Ambivalenz der Welt mit der Annahme vieler konkurrierender Götter, die amoralisch gegeneinander stehen und wirken; die Weisheitslehren des Neuplatonismus, der Gnosis und des Manichäismus entwickeln einen ontologischen Dualismus, der das Böse zu einem gegnerischen Prinzip erhebt, das mit dem Guten in der Welt wirkt und sie prägt. Der Mensch wird damit zum reinen Opfer und zur bloßen Wallstatt eines überweltlichen Konfliktes zwischen Gut und Böse, und dadurch entschuldigt. Der Neuplatonismus bestreitet dazu auch noch die Individualität und den Weltbezug des Göttlichen, wodurch zwar das Göttliche von jeglicher Verantwortung für die Existenz der Welt und ihrer Übel freigesprochen werden kann, der Mensch sich aber in der Welt allein fühlen und selbst für sein Heil sorgen muß: So entstehen die Heilslehren der Gnosis und des emanativen Plotinismus. Einige Teile dieses Denkens wirkten auch hinüber in die Irrlehre des Pelagianismus.
Die zweite Dunkelheit bewirkt also in der Welt die *civitas terrena,* die geprägt ist vom falschen *amor sui usque ad contemptum dei* (Selbstliebe bis hin zur Zurückweisung Gottes) jener unerlösten Menschheit, die ihre Bestimmung vergessen hat, sich an das Böse, die Gewalt und das Übel gewöhnt hat und selbst unaufhaltsam mehr und mehr zum Mittel ihrer falschen Ziele und Wünsche verwendet. So hat auch der Mensch so viel an seiner Gottebenbildlichkeit, Gutheit und Wahrheit verloren, daß er aus eigener Kraft allein Gott nicht mehr suchen, wollen und lieben kann. Gegen diese Dunkelheit, gegen diese sündhafte *alienatio* der Selbstentfremdung, helfen keine Philosophien und Weisheitslehren, auch keine menschlichen Gesetze und Strafen, sondern nur eine erneute, heilsgeschichtliche Selbstoffenbarung Gottes in der Welt und

eine heilende und neuerschaffende Gnade: „Er kam in das Seine, aber die Seinen nahmen ihn nicht auf … Denn sie liebten die Finsternis mehr als das Licht, denn ihre Taten waren böse … Ich bin das Licht, das in die Welt gekommen ist, damit jeder, der an mich glaubt, nicht in der Finsternis bleibt" (vgl. Joh 1,5; 3,19; 8,12; 12,35; 12,46). Weil wir Menschen Gott nicht mehr gekannt, gesucht und gewollt haben und durch ein falsches Streben in die Irre gegangen waren, mußte Gott uns selber neu suchen und erwählen: „Nicht ihr habt mich erwählt, sondern ich habe euch erwählt und euch dazu bestimmt, daß ihr Frucht bringt, und daß eure Frucht bleibt!" (Joh 15,16).

„Du standest vor mir. Ich aber war mir selber weggelaufen und fand mich selber nicht mehr, wieviel weniger dich!" (Confessiones V 2,2).

Aus der Erfahrung seiner Lebensgeschichte wurde Augustinus gegen Pelagius zu einem der großen Verfechter des *absoluten Primates der Gnade.*

Denken, Reden und Handeln gehören bei Augustinus wesentlich zusammen: Ein an der Offenbarung orientiertes, richtiges Denken über Gott, Welt, Mensch und Geschichte führt zum rechten Planen und Handeln im Umgang mit den zeitlichen Dingen, auf daß der Mensch sein ewiges Ziel erreiche: „Das siebte Weltalter ist unser Sabbat, dessen Ende nicht ein Abend sein wird, sondern der ewige achte Tag des Herrn. Da werden wir feiern und schauen, schauen und lieben und lieben, lieben und preisen. Ja, das wird das Ende ohne Ende sein!" (De civitate Dei XII 30,5). „Wer aus der Hoffnung auf die künftige Ruhe wirkt, der beobachtet bereits den ewigen Sabbat und erkennt, indem er in der Neuheit des Lebens wandelt, wie Gott in ihm wirkt" (De Genesi ad litteram IV 12,24).

Aus diesem Grundprinzip entwickelte Augustinus eine neue trinitarische Gotteslehre, eine Schöpfungslehre mit positivem und zugleich realistischem Weltbild, eine Christologie, Erlösungs- und Gnadenlehre, eine Eschatologie, und aus all dem zusammen wiederum seine revolutionäre Geschichtstheologie, die das abendländische Denken bis in die Neuzeit, bis zu den Hegelianern und dem marxistischen Materialismus der Linkshegelianer prägen sollte.

Aufstieg der Seele zu Gott - Die Grundthemen der augustinischen Theologie

Die Epoche des literarischen Schaffens Augustins war nicht nur ein Zeitalter des Anfangs, in der das Christentum erst begann, ein reflektiertes Verständnis seines Glaubens, seines Gottes-, Welt-, Geschichts- und Menschenbildes zu entwickeln, sondern auch eine Phase schwerer innerer und auch äußerer Auseinandersetzungen und Meinungsverschiedenheiten über diese Fragen. Je mehr das alte Römische Reich seinem unabwendbaren Untergang entgegendriftete, desto hemmungsloser und kämpferischer wurde auch der Streit zwischen den verschiedenen Religionen und sektiererischen Gruppen. Dies spiegelt sich auch in den Schriften des Kirchenvaters wider: Augustinus kämpfte äußerlich mit den alten Polytheisten, den christentumsfeindlichen Neuplatonikern und den Juden; innerchristlich mit den dualistisch-synkretistischen Manichäern, den Arianern, Pelagianern und Apollinaristen, und am längsten mit den Donatisten. Diese Auseinandersetzungen gaben ihm meist auch die konkreten Themen vor. Rein chronologisch betrachtet hat sich seine Theologie parallel zu den zeitbedingten Streitfragen entwickelt. Es wäre jedoch falsch, Augustinus zu einem Vertreter rein zeitbedingter Kontroverstheologie zu machen. Ladislaus Boros hat zu Recht die Auffassung vertreten, daß Augustins Schriften in zwei Gruppen aufgeteilt werden können: Kontroverstheologische Streitschriften und in sich stehende, „unabhängig erarbeitete Werke“ (Boros, S. 48 f.).
In systematischer Hinsicht läßt sich seine Theologie am übersichtlichsten in fünf Grundbereiche aufteilen (nach Boros, S. 49):

- Spekulative Trinitätstheologie gegen die Arianer
- Seinsphilosophie gegen den ontologischen Dualismus der Manichäer
- Verfechter des Primates der Gnade gegen die Pelagianer
- Ekklesiologe gegen den weltfeindlichen Partikularismus der Donatisten
- Geschichtstheologie gegen die Polytheisten.

Natürlich lassen sich nicht alle Schriften des Kirchenvaters in eine dieser fünf Gruppen einteilen. Diese Einteilung entspricht auch nicht dem chronologischen Verlauf der Entwicklung. Jedoch wird der über seine Epoche hinauswirkende und eine neue Kultur mitgestaltende Gehalt seines Denkens auf diese Art am besten sichtbar. Beweggründe seines Denkens waren: (1) Die Begründung einer wissenschaftlichen Theologie als intellektueller *probatio fidei* (Aufweis des Glaubens und seiner Wahrheit), die über eine reine *demonstratio fidei* (Darstellung des Glaubensinhalts) hinausgeht, und (2) die Entwicklung eines relationalen Personbegriffes, der einen ontologischen Primat des Individuellen und Besonderen gegenüber dem Allgemeinen möglich machte. Für die trinitarische Gotteslehre entwickelt, wirkte diese Erkenntnis prägend weiter in ein tieferes Verständnis der Geschichte und Heilsgeschichte; in Gnadenlehre, Spiritualität, Ethik, Geschichts- und Rechtsphilosophie.

Eine Gefahr für das richtige Verständnis der Schriften des Augustinus ergibt sich daraus, daß man kontroverstheologische Werke mit antithetischem Charakter als in sich stehende Lehren deutet und losgelöst von der gegnerischen These und von seinem eigenen, existentiellen und persongeschichtlichen Kontext betrachtet. Dann erweckten Augustins Stil und Argumentation u. U. den Eindruck fanatischer Einseitigkeit. Dies hat in der Geschichte der Kirche und der Theologie des Abendlandes oft zu Kontroversen geführt, die sich unheilvoll ausgewirkt haben. Augustinus danach zu beurteilen und tendenziell nach dem zu deuten, was seine Werke historisch *hervorgerufen haben,* trifft oft auch nicht das wahre Denken des Bischofs von Hippo. In diesem Zusammenhang stehen auch die beiden angeblichen „Irrtümer" des Kirchenvaters, nämlich die *Erbsündenlehre* und seine Lehre über die *Prädestination.*

Was die Erbsünde angeht, wird ihm bis heute oft vorgeworfen, er habe die Hauptwirkung der Erbsünde und ihr unheilvolles Weiterwirken von Mensch zu Mensch in die Sexualität verlegt: Aus sündiger Libido gezeugt, würden alle Neugeborenen wieder libidinöse Sünder. Hier wird Augustinus jedoch eher aus den Wirkungen gedeutet, die eine einseitige Interpretation seiner Frühschriften im Spätmittelalter bis hin zum lust- und leibfeindlichen Denken des Pietismus und des viktorianischen Zeitalters hervorgebracht haben. Gewiß findet sich bei Augustinus, der in der Phase seiner Bekehrung primär mit seiner unkontrollierten Geschlechtslust zu kämpfen hatte, entsprechende Tendenzen. Diese ebben aber schnell wieder ab. Im Gesamtwerk sind entsprechende Belege nicht mehr zu finden; im Gegenteil: Er preist sogar oft die wunderbare körperliche Liebe (z. B. Contra Iulianum IV 2,10).

Augustinus hat die Prädestinationslehre gegen die Pelagianer entwickelt (siehe S. 50–53). Er selbst hatte in der Phase seiner Bekehrung erfahren müssen, daß er die neue Wahrheit zwar erkannte und verstand, die Folgerung in Leben und Tun aber aus eigener Kraft nicht einhalten konnte und wollte. Das Erlösungswerk Gottes ist nicht bloß eine spirituelle und intellektuelle Aufklärung und Anleitung, sondern auch eine Heilung und Neuschöpfung des Menschen, durch die er erst zum neuen Menschen wird. Dies ist aber ein Akt der Gnade, und nicht des menschlichen Willens und der menschlichen Leistung. Die innere Wirkung der Sünde ist ein Verlust der Freiheit, durch die der Mensch zum Sklaven der Sünde wird. Augustinus setzt dem Pelagianismus klar den absoluten Primat der erwählenden Gnade gegenüber, durch die der Mensch erst zum neuen Menschen wird, der die Werke Gottes tun kann. Er erkannte darin aber nicht nur einen subjektiven Eindruck, sondern einen objektiven Inhalt der göttlichen Offenbarung, ohne den die ganze Soteriologie der Heiligen Schrift ihres inneren Sinnes beraubt würde. Die Menschheit kann sich nicht selbst erlösen unter konsekutiver Mitwirkung der helfenden Gnade Christi, die auf einen eigenständigen guten Willen und Vorsatz einwirkt, den der Mensch selbst hervorbringen muß. Am Anfang des Heils steht der erwählende Heilswille Gottes, der uns gesucht hat, bevor wir ihn kannten und überhaupt wollen konnten (vgl. Joh 15,16).

In der abendländischen Geschichte sind diese Thesen oft so interpretiert worden, daß der Mensch für sein Heil selbst gar nichts tun kann und selbst seine guten Werke eine alleinige Wirkung Gottes darstellen. So kam es im *Nominalismus,* einer Theologenschule des Spätmittelalters und der Frühneuzeit, zu einer Verabsolutierung der Erbsünde, die im Menschen keine verbliebene Gutheit mehr sehen wollte. Die Reformatoren des 16. Jahrhunderts entwickelten daraus die These, daß das Heil ein reines Gnadengeschenk sei, das keiner „pharisäischen" Mitwirkung des Menschen bedürfe und „allein durch den Glauben und nicht durch die Werke" bewirkt werde. Dies führte sogar zur Abfassung polemischer Schmähschriften wie dem Werk *Von der Schädlichkeit der guten Werke.* Der Genfer Reformator Jean Calvin (1509–1564) vertrat darüber hinaus die These einer absoluten Prädestination des Menschen zu Heil oder Verdammnis und neigte dazu, den innerweltlichen Erfolg und die innerweltlichen Leiden als Indikator für diese Bestimmung zu Heil oder Verdammnis anzusehen. Dies führte in paradoxer Weise im Calvinismus zu einem enormen persönlichen Leistungswillen und der Neigung, der Freude und Lust zu mißtrauen und das ganze Leben der Arbeit und religiösen Pflichterfüllung zu widmen.

Auch wenn die Vertreter solcher Auffassungen durch eine einseitige Auslegungstradition der Prädestinationslehre des Augustinus inspiriert waren, entsprechen sie in Wahrheit gerade nicht dem, was Augustinus damit sagen wollte: Weder hat Augustinus eine solche Verabsolutierung der Erbsünde gelehrt, nach der im Menschen keine verbliebene Gutheit mehr wäre, die ihm irgendeine konsekutive Mitwirkung zu seinem Heil ermöglicht, noch hat er jemals eine Bedeutsamkeit guter Werke als Antwort auf die gnadenhafte Erwählung durch Gott bestritten: *Der Glaube ohne die Werke ist tot!* sagt die Schrift (vgl. Jak 2,17). Augustinus ging es darum, den Primat der heilenden und erwählenden Gnade zu betonen, die die verbliebene Gutheit des Menschen heilt und überhöht, so daß er zu neuer Freiheit gelangt und die Werke Gottes tun kann: *gratia supponit naturam et perficit eam* (die Gnade setzt die Natur voraus und vollendet sie; Bonaventura)! Eine

Erlösung geschieht nach Augustinus durch eine Mitwirkung des Menschen mit der ihm vorher geschenkten und befreienden Gnade, die aber auf seine Antwort wartet.

solche konsekutive Mitwirkung des begnadeten Menschen zu seinem Heil und dem Heil anderer entspricht der Würde des Menschen als vernunftbegabtem Abbild Gottes. „Gott, der dich ohne dich geschaffen hat, erlöst dich nicht ohne dich!" (Sermones 169,13).

Die Pelagianer hatten das Heilsgeschehen mißdeutet als ein paritätisches Zusammenwirken von menschlicher Freiheit und belehrend-helfender Gnade. Augustinus baut nun in seinen Werken *De natura et gratia* (Über Natur und Gnade) und *De Genesi ad litteram* (seinem Kommentar zur Genesis) Antithesen zur Auffassung der Pelagianer ein: „Dem Menschen scheint es offenkundig zu sein, daß alle, die als gute Gläubige erscheinen, die Beständigkeit bis zum Ende zu empfangen verdienen. Gott hat aber besser entschieden. Er hat einige, die nicht durchhalten werden, der bestimmten Anzahl seiner Heiligen beigefügt" (De dono perseverantiae VIII 19). „Gott will nicht alle Menschen selig machen. Zwar könnte er es tun. Er will es aber nicht" (De natura et gratia 7, 8). „Aber warum denn? Weil er nicht wollte! Warum wollte er es nicht? Das ist seine Sache!" (De Genesi ad litteram XI 10,13). Als objektiv und in sich stehend fehlgedeutet, würde dies in der Tat aus dem Heilswerk Gottes eine positivistische Willkürhandlung machen, auf die der Mensch keinerlei Einfluß und Mitwirkungsmöglichkeit hat. Gegen diese Auslegung stehen jedoch nicht nur die gesamte Theologie des Augustinus, sondern auch seine Kirchenlehre, seine Spiritualität und das Zeugnis seines persönlichen Handelns. Darüber hinaus sah er in der Verwerfung einiger Menschen nie eine sinnlose Willkür, sondern einen objektiven Sinn, der für den Offenbarungscharakter der Heilsgeschichte entscheidende Bedeutung hat: Ein ungeschichtliches Heilswerk, in dem Gott über die Köpfe der Menschen hinweg einfach alle erlöst und zu neuen Menschen macht, wäre nicht nur ein Verstoß gegen die Würde und Vernunft des Menschen, sondern würde auch den subjektiven Eindruck erwecken, es sei im Grunde alles gut, und der Mensch hätte sich selbst erlöst. Das würde die Gottvergessenheit der Menschen vollenden.

Der drei-eine Gott und die Person

Dt.: *Des heiligen Kirchenvaters Aurelius Augustinus fünfzehn Buecher über die Dreieinigkeit.* Übers. von Michael Schmaus. 2 Bde. (*Bibliothek der Kirchenväter* 2,13–14) 1935/36

Was die Trinität anbetrifft, so war Augustinus bei weitem nicht der erste, der im lateinischen Westen über sie geschrieben hat. Sein Werk *De Trinitate,* das er zwischen 399 und 419 verfaßt hat, nimmt bereits Bezug auf Tertullians *Adversus Praxean* und auf die zwölf Bücher des Hilarius von Poitiers über die Dreieinigkeit, sowie auf die neuplatonisch inspirierten Werke des Marius Victorinus. Augustinus hatte des weiteren Ambrosius von Mailand gehört und dessen Werk *De Spiritu Sancto* gelesen, das wiederum in weiten Strecken von Basilius dem Großen und Didymus von Alexandrien, der wegen des frühen Verlusts seines Augenlichts auch Didymos der Blinde genannt wurde, inspiriert ist. Entgegen einer verbreiteten früheren Annahme war er wohl auch des Griechischen mächtig und ein guter Kenner der Theologie der griechischen Väter. Von ihnen hat Augustinus die berühmten Werke *De principiis* des Origenes und *De Spiritu Sancto* des Didymus gekannt. Außerdem muß er, wie Ähnlichkeiten im Vokabular bezeugen, auch zu Texten von Basilius und Gregor von Nazianz Zugang gehabt haben.
Sein Hauptwerk *De Trinitate* stellt eine gute und umfassende Zusammenfassung seiner Trinitätslehre dar. Dessen einleitende Bemerkungen markieren deutlich den veränderten Ansatzpunkt in Fragestellung und Absicht, mit denen Augustinus das Bemühen der griechischen Tradition aufgreift und überbietet: „Mit Hilfe unseres Herrn und Gottes wollen wir uns daranmachen, soweit es in unseren Kräften liegt, Rechenschaft dafür zu geben *(reddere rationem),* daß die Dreieinigkeit der eine, alleinige und wahre Gott ist und daß man mit Recht vom Vater, Sohn und Heiligen Geist sagt, glaubt und einsieht, daß sie von einer und derselben Substanz oder Wesenheit sind" (De Trinitate I 2,4).

Einige Zeilen später sagt Augustinus, welcher Mittel er sich dabei bedient: Der Autorität der Heiligen Schrift (Bücher I–IV) und der Verstandesüberlegung (Bücher V–VII). Diese Anordnung ist nun aus drei Gründen bedeutsam: (1) Theologie ist keine voraussetzungslose Wissenschaft, sondern betrachtet Gott, Welt und Geschichte auf dem Hintergrund der göttlichen Offenbarung. Sie darf aber nicht nur unkritische *demonstratio fidei* sein, sondern muß im Sinne einer intellektuellen Rechenschaftsgabe die Glaubwürdigkeit der biblischen Offenbarung herausarbeiten. (2) Gott ist bei Augustinus weder ein abstraktes Wesen noch eine latent monopersonale Beziehungslosigkeit, der man nachträglich auf spekulativem Wege eine gewisse innere Unterschiedenheit angedeihen ließe, sondern der dreipersonale Gott der biblischen Offenbarung. Eine rationalistische Ableitung der Personen aus dem Wesen an der Offenbarung vorbei findet bei Augustinus also nicht statt. Es geht ihm nur um eine intellektuelle Durchdringung der bereits ergangenen Offenbarung. (3) Die sekundäre intellektuelle Leistung, welche die *demonstratio fidei* erst zur *probatio fidei* macht, ist (a) die Entwicklung eines differenzierten, am Geistigen orientierten Einheitsbegriffes, die Identität *in* Verschiedenheit und Verschiedenheit *in* Identität erst vereinbar macht, und (b) die Bildung eines *relationalen* Personbegriffes, der im Gegensatz zum beziehungslos in sich stehenden, griechischen Hypostase-Begriff den ontologischen Primat des Individuellen vor dem Allgemeinen begründet und nachvollziehbar macht, wie ein gemeinsames göttliches Wesen von drei Trägern relational verschieden verwirklicht werden kann.
Gelänge dies nicht, dann wären drei Personen immer drei Götter, und dann hätten die Arianer recht. Oder man müßte in Vater, Sohn und Geist drei modal verschiedene Erscheinungsweisen eines einpersonalen Gottes in der Welt sehen: Dann hätten die Modalisten (siehe S. 46) recht; aber die göttliche Offenbarung könnte dann nicht mehr als wirkliche Selbstoffenbarung Gottes gedeutet werden. Augustinus sah in der Bewältigung dieser Aufgabe zu Recht eine Überlebensfrage für das Christentum: Zwar hatten die Konzilien von Nizäa und

Konstantinopel das Zeugnis der Offenbarung klar und treffend beschrieben, aber sie konnten beide noch keine wirkliche intellektuelle Rechenschaftsgabe vorlegen, wie Wesensgleichheit und personale Dreiheit vermittelbar sind. Wenn das Christentum dadurch in Verdacht geriete, daß auf seinem Ursprung eine widersprüchliche und irrationale *black box* steht, die unter Preisgabe der Vernunft fideistisch angenommen werden muß, dann wäre die Glaubwürdigkeit der Offenbarung als ganzer bedroht.

Augustins Trinitätslehre war eine Pionierleistung, die die lateinisch-westliche Gotteslehre bis heute prägt und in allen anderen theologischen Themen, wie Schöpfungslehre, Soteriologie, Gnadenlehre und Eschatologie weiterwirkte. Auch wäre die abendländische Kultur ohne die Entwicklung des Personbegriffes in Anthropologie, Gesellschafts- und Soziallehre sowie in der Rechtsphilosophie nicht denkbar.

Augustinus entwickelte zunächst eine *immanente Trinitätslehre,* in der er aufzeigt, wie Gott *in sich* trinitarisch ist; und zwar in der Einheit seines Wesens und in der Dreiheit der Personen. Aus diesem trinitarischen Wesen mit seinen zeitlos-ewigen Hervorgängen entwickelt er dann die Möglichkeit, wie ein unveränderlicher Gott die zeitlichen Wirkungen der Erschaffung *der Welt* und seine Selbstoffenbarung als Erlöser *der Welt* hervorbringen kann (sog. *ökonomische Trinitätslehre).* Die zeitlichen Hervorgänge begriff er als Verlängerungen seiner ewigen Hervorgänge nach außen, wodurch Gott in sich immer der Gleiche bleiben kann, und doch in der Welt wirken und handeln kann. Damit konnte auch das Argument der Neuplatoniker widerlegt werden, die behaupteten, daß eine unveränderliche Gottheit keine zeitlichen und veränderlichen Wirkungen hervorbringen könne. Gewiß muß bei einem unveränderlichen, unendlichen und ewigen Sein jedes Handeln ein unmittelbarer Ausdruck seines Wesens sein. Gott kann sich nur zeigen, nur wirken und handeln, wie er ist, und nicht, wie er nicht ist. Wenn es in ihm schon ewige Hervorgänge gibt, dann können diese auch nach außen verlängerte, endliche und zeitlich wechselnde Wirkungen haben, ohne daß dadurch schon

eine Veränderlichkeit in Gott hineingetragen würde. Damit konnte den Einwänden der Arianer und Modalisten, aber auch der heidnischen Neuplatoniker begegnet werden.
Der innere Zusammenhang zwischen immanenter und ökonomischer Trinität, den Augustinus immer aufrechterhalten hat, ist später nicht immer bedacht worden: Im Gefolge des *Neothomismus* deutete man die Trinitätslehre als innere Dreieinheit des göttlichen Wesens, die nach außen aber nur einfache Wirkungen haben könne und interpretierte derart auch das Dogma *opera ad extra sunt una* („Die Werke [der Trinität] nach außen sind einig")! So wurde Augustinus besonders in der modernen Theologie des 20. Jahrhunderts interpretiert, so vom frühen Joseph Ratzinger, von Jacques-Albert Cuttat, Basil Studer und Bernd Jochen Hilberath (vgl. Schmidbaur, S. 161 [siehe Randnote S. 144]). Dies war jedoch nicht Augustins Auffassung: Er konzipierte eine immanente Trinität Gottes nur als *Möglichkeitsbedingung* ihres dreipersonalen Erscheinens in der Welt als Schöpfer, Erlöser und Heiligender: „Es sendet der, der zeugt, gesandt wird der, der gezeugt wird … Wie das Geborensein für den Sohn so viel bedeutet, wie Vom-Vater-Sein, so bedeutet das Gesandtwerden für ihn so viel wie Erkennen-lassen, daß er von ihm ist. Und wie für den Heiligen Geist Geschenk-Gottes-Sein soviel ist wie vom Vater hervorgehen, so bedeutet für ihn das Gesandtwerden so viel wie Erkennen-lassen, daß er von ihm hervorgeht" (De Trinitate IV 20,28–29). Der Charakter der Sendung offenbart den Charakter der göttlichen Person in ihrem ewigen und überzeitlichen Hervorgang. Die ökonomische Trinität ist ja der einzige Weg, durch den wir in der Welt von einer immanenten Trinität wissen können. So ist Letztere ein spekulativer Rückschluß, der aber in der Folge als notwendige Voraussetzung einer ökonomischen Trinität erkannt wird.

Das Dogma meint: Wesenhaft handelt Gott als der Eine in der Welt; personal aber verschieden. So ist der Vater nicht der Sohn und beide sind nicht der Geist. Aber im Wesen und Wollen sind sie eins. So sagt Jesus: „Ich und der Vater sind eins" (Joh 10,30), aber auch: „Ich sage, was ich beim Vater gesehen habe" (Joh 8,38) und: „Wer mich gesehen hat, hat den Vater gesehen" (Joh 14,9).

Wie ist nun aber eine Einheit *in* der Dreiheit, und eine Dreiheit *in* der Einheit zu verstehen? Augustinus entwickelte hierfür einen differenzierten Einheitsbegriff, den er aus dem We-

Augustinus entwickelte in Kap. VIII bis XIV insgesamt sechs solche *Ternare* (Dreieraufzählungen).

sen des geistigen Seins und der Seele ableitete: Geist besteht und wirkt aktiv durch das eine Zusammenwirken von *mens, notitia* und *amor,* Erinnerung, Erkennen und Wollen/Lieben: Alle drei Vermögen sind nicht identisch, wirken aber zu einer höheren Einheit zusammen und bedürfen einander. Wenn ein Vermögen ausfiele, wären die beiden anderen funktionslos. Schon im Geistig-Geschöpflichen haben wir es hier mit einer differenzierten Einheit zu tun, die innere Verschiedenheit und ein wirkliches Gegenüber zuläßt. Dieses Modell wurde in der Theologiegeschichte die *psychologische Trinitätslehre* des hl. Augustinus genannt. Oft wurde sie in der Folgezeit so ausgelegt, daß Augustinus angeblich die Dreiheit der Personen aus dem göttlichen Wesen abgeleitet hätte. Dies ist jedoch wieder eine Fehlinterpretation. Der Mensch ist ja auch Geist mit *mens, notitia et amor,* aber deswegen noch lange nicht dreipersonal, sondern weiter einpersonal. Das könnte auch in Gott so sein. Daß Gott dreipersonal ist, wissen wir auch nach Augustinus nur aus der Offenbarung. Die „psychologische" Deutung der Einheit des göttlichen Wesens dient nur dem Nachweis, daß eine Dreipersonalität der Wesenseinheit im *absoluten, unendlichen und transzendenten Sein* nicht absolut widerspricht. Eine rein spekulative Ableitung findet bei ihm also nicht statt. Seine Lehre über die göttliche Wesenheit hat vielmehr das Ziel einer spekulativen Rechtfertigung der Trinitätslehre auf der Basis eines akthaft-dynamischen Wesensverständnisses und der Entwicklung eines *ordo processionis* (Ordnung der Hervorgänge), durch den die innergöttlichen Hervorgänge erklärt und unterschieden werden können.

Als Standardwerk gilt nach wie vor: Michael Schmaus, *Die psychologische Trinitätslehre des heiligen Augustinus,* 1927.

Augustins Lehre vom göttlichen Wesen als Geist ist also die Basis, von der er nun zur Konzeption eines relationalen Personbegriffes weiterschreitet. Dies ist ihm nur in den Anfängen geglückt, aber seine Grundeinsichten schufen die Basis für alle nötigen weiteren Schritte in der abendländischen Theologie. Augustins Trinitätslehre war, zeitgeschichtlich bedingt, durch die Frontstellung gegen die Arianer geprägt. Von daher liegt auch sein Schwerpunkt auf der Betonung der Wesenseinheit und Wesensgleichheit der göttlichen Personen.

Der Personbegriff kam ursprünglich wohl aus der Welt der Theatersprache, wo Schauspieler durch Masken hindurch gewisse Rollen spielten *(persona* von *personare:* hindurchtönen) und erweckte gerade für seine Anwendung in der Trinitätslehre gewisse Vorbehalte: Erstens schien er einen Rückfall in den Modalismus zu fördern (ein Gott spricht in der Welt durch drei verschiedene Masken), und zweitens erweckte er beim unbedarften Hörer den Eindruck, es mit einem unterschwelligen Tritheismus zu tun zu haben. So äußerte auch Augustinus Zweifel an der Tauglichkeit des Personbegriffes: „Warum nennen wir diese Drei nicht zusammen eine Person, wie wir von einem Wesen oder von einem Gott sprechen, sondern heißen sie drei Personen, wo wir doch nicht von drei Göttern oder drei Wesen reden; warum anders, als weil wir wünschen, daß uns zur Bezeichnung der Dreieinigkeit doch wenigstens ein Wort zur Verfügung steht, damit wir nicht ganz schweigen müssen, wenn man uns fragt: Was sind denn das für drei, wo wir bekennen, daß es drei sind?" (De Trinitate VII 6,11).

Vgl. CARL ANDRESEN, *Zur Entstehung und Geschichte des trinitarischen Personbegriffs,* in: *Zeitschrift für neutestamentliche Wissenschaft* 52 (1961), S. 1–39.

Augustinus versuchte also die Entwicklung eines modifizierten Personbegriffs für die Trinitätslehre: „Bei solchen Untersuchungen darf man sich nicht daran halten, was unser Sprachgebrauch zuläßt oder nicht; man hat sich vielmehr an den Sinn zu halten, der aus den Sachen selbst aufleuchtet!" (De Trinitate V 7,8). Seine größte Leistung auf dem Weg dorthin war die Entwicklung der *trinitarischen Relationenlehre:* Augustin erkannte klar, daß die Unterschiedenheit der göttlichen Personen, wenn sie gerade im Wesen eins sind, nicht in dem liegen kann, was ihnen gemeinsam zukommt. Das war der unbewußte Fehler der sog. *Kappadokier* (4. Jh.; Basilius von Caesarea, Gregor von Nyssa, Gregor von Nazianz) gewesen, die die Konstitution der Personen immer mehr auf ihre Beziehung zum göttlichen Wesen verlagerten. So folgerte Augustinus: Der Ursprung der drei Personen kann unmöglich in dem liegen, was ihnen gleichermaßen zukommt, sondern nur in dem, was sie unterscheidet, und das sind die personal-gegenseitigen Beziehungen. Es müssen also die *Relationen* sein, die die Personen *konstituieren.* Das setzt natürlich die Möglichkeit einer rein *relationalen Subsistenz* (d.h. eines selbständigen Seins der Beziehung als solcher) voraus: Das göttliche Wesen selbst *subsistiert* nicht, auch nicht nach außen, sondern nur die göttlichen Personen als seine individuell-relational verschiedenen Träger. Die Person ist also *subiectum omnis attributionis,* wie man später sagte, und sie ist ein Beziehungswesen, das in und am anderen es selbst wird: Der Vater ist ohne den Sohn kein Vater, und der Sohn kein Sohn. Dasselbe gilt für den Geist, der, um vom Sohn unterschieden zu sein, aus Vater und Sohn hervorgeht auf die Weise des interpersonalen Liebens. So kam es bei Augustinus auch zu einer entschiedenen Verteidigung des sog. *filioque* (Hervorgang des Geistes aus dem Vater *und dem Sohn),* das von den lateinischen Theologen in das nizänische Credo nachträglich eingefügt worden war, aber von den Griechen spöttisch abgelehnt wurde. Augustinus wollte in seiner Lehre die Wesensgleichheit der Personen und ihre reale Verschiedenheit zugleich sichern. So beschrieb er die einzelnen Personen, wie das entscheidende Kapitel aus *De Trinitate* (XV 7) zeigt, zugleich mit *absoluten Wesens-* und *relationalen Personattributen.*

Attribute (von *attribuere:* zuteilen, zuschreiben) sind individuelle Eigenschaften (in der Ikonographie Gegenstände), die Personen und Dinge kennzeichnen und beschreiben (ikonographisch: kenntlich machen). Träger ist ein *Subjekt* (*subiectum:* das Untergelegte). Die Attribute der Person sind alle möglichen *(omnis),* da sie ein Beziehungswesen ist.

HANS CHRISTIAN SCHMIDBAUR, *Personarum Trinitas. Die trinitarische Gotteslehre des heiligen Thomas von Aquin,* 1993 (Kurztitel = **Schmidbaur**).

Augustinus konnte einen rein relationalen Personbegriff selbst noch nicht entwickeln, legte aber die unverzichtbaren Grundlagen, die bei Thomas von Aquin über 800 Jahre später zu einer reflektierten Vollendung führten (vgl. Schmidbaur, S. 16ff.).

Die Wirkungen der Trinitätslehre des Bischofs von Hippo sind genauso epochemachend wie ambivalent. Das Verhältnis von Wesen, Natur und Person in der Gottheit und vor allem in der einen Person Jesus Christus war ja lange strittig gewesen. Wie kann ein Individuum zugleich zwei verschiedene Naturen ha-

ben, zugleich Gott und Mensch sein? Für die *Monophysiten* (von griech. *mono physis:* nur eine Natur; vgl. S. 48) war dies unvorstellbar. Auch Maria könne deswegen nur als Gebärerin des Mischwesens Christus, aber nicht als Gottesmutter verstanden und bezeichnet werden. Diese Probleme wurden 451 auf dem *Konzil von Chalkedon* mit Hilfe des augustinischen Personbegriffs gelöst: Jesus ist *eine* Person mit *zwei* Naturen, die „ungetrennt und unvermischt" sind. Man sprach auch Maria den Titel der „Gottesgebärerin" *(theotokos)* zu. Vor-chalkedonisches, monophysitisches Denken wirkt bis heute weiter in der armenischen Kirche, bei den Kopten und im äthiopischen Christentum.
Augustins „psychologischer" Ansatz inspirierte aber auch die Frühscholastik eines Anselm von Canterbury, die Viktoriner (Hugo, Achard und Richard von St. Viktor), Bonaventura und Thomas von Aquin, sowie alle übrigen Vertreter der Franziskaner- und Dominikanerschule, aber auch die Schulen von Laon und Chartres. In der Geschichtstheologie wirkten sie weiter bei Rupert von Deutz *(De Trinitate et operibus suis* – Über die Dreifaltigkeit und ihre Werke) und bei der problematischen, apokalyptischen *Drei-Reiche-Lehre* des Joachim von Fiore. Eine veränderte und einseitige Rezeption seines Denkens hatte deshalb in Gotteslehre und Geschichtstheologie auch ungute Folgen: Die Tendenz zur *Essentialisierung* und *Immanentisierung* der Trinitätslehre nahm im Mittelalter immer mehr zu. Die *Ternare* (Dreier-Aufzählungen) seiner psychologischen Wesenslehre wurden oft als rein spekulative „Trinitätsbeweise" gedeutet. Die apokalyptischen Geschichtstheologien verführten viele wieder zu jener apokalyptischen Weltentwertung und jenem religiösem Fanatismus, gegen den Augustinus schon zu Lebzeiten gekämpft hatte. Zu nennen wären hier die Katharer, die Waldenser, die Münsteraner Wiedertäufer und in gewisser Weise auch die Calvinisten.

Eine dynamische Geschichtstheologie

Sein umfangreichstes Werk, das über Ursprung, Ziel und Sinn der Geschichte handelt, begann Augustinus im Jahre 413. Die Fertigstellung zog sich wegen des gigantischen Umfanges, des reflexiven Niveaus und der Problematik der Zeit bis 427 hin. Zeitgeschichtlicher Auslöser waren der Schock und die geistigen und praktischen Folgen, die sich mit der Eroberung Roms durch Alarichs Goten im Jahre 410 ergaben: Nachdem die Kaiserstadt und damit das ideelle Zentrum des Imperiums gefallen waren, mußten sich die Menschen mit einer nun offensichtlich unabwendbaren Wirklichkeit auseinandersetzen, die vorher schon immer als unterschwellige Befürchtung vorhanden war, aber immer noch verdrängt und heruntergespielt werden konnte: Die kulturlosen Barbaren hatten gesiegt, das Römische Reich würde auf kurz oder lang untergehen. Eine neue Welt würde kommen, deren Charakter, Ziel und Sinn vollkommen offen war. Man konnte in ihr auch kein Überleben von Kultur, Glaube und Philosophie mehr erkennen. Diese Verzweiflung und Ratlosigkeit ließ die Kritik der polytheistischen Heiden wieder hochkommen: Die Götter hatten Rom groß und unbesiegbar gemacht; seit sie nicht mehr verehrt werden, haben sie Rom den Rücken gekehrt und den Barbaren ausgeliefert. Schuld daran sind vor allem die Christen. Nur eine Rückkehr zum alten Glauben würde die Götter versöhnen und das Reich retten. – Bedingt durch die Verabsolutierung des Kosmos konnte der traditionelle Polytheismus nie einen Schöpfungsgedanken und eine Geschichtstheologie hervorbringen.

Zu Ausgaben von *De civitate Dei* siehe Randnote S.13.

Augustinus hatte erkannt, daß nur ein differenzierter und spekulativer Transzendenzgedanke und ein trinitarisch-personales Gottesbild dieses Problem zu lösen vermochten: Nur so konnte der Hervorgang der Welt aus Gott als eine willentliche Schöpfung verstanden werden. Nur so konnte sich ein übergeschichtlicher Gott wiederum auf das Zeitliche und Endliche beziehen und als letzter, transzendenter Herr der Geschichte Mensch und Welt als Ganze zur Rückkehr zu ihm und zur Gemeinschaft mit ihm, zur eschatologischen Vollendung führen. Eine wirkliche Geschichtstheologie bedarf eines klaren Monotheismus zusammen mit einem entwickelten Transzendenzverständnis, das Gott als wirklich unendlich, überweltlich und überzeitlich verstehen läßt; es bedarf aber auch einer Trinitätslehre, die akthafte und hervorbringende Dynamik in das ewige, innergöttliche Sein verlegt und zusammen mit einem relationalen Personbegriff als tragendem Ganzen ein wirkliches innerweltliches Handeln und Wirken Gottes zuläßt, ohne daß dadurch jener Konflikt entsteht, daß die Annahme eines geschichtlich-weltgestaltenden Wirkens Gottes uns in den Widerspruch treibt, auch Veränderlichkeit in das ewige göttliche Sein selbst hineinzutragen. Unvernünftiges und absolut Widersprüchliches kann nicht geglaubt werden und kann auch nicht wahr sein! Geschichtstheologie bedarf des weiteren auch eines analogen Personbegriffes, der göttliche und menschliche Person trotz Seins- und Wesensverschiedenheit relational miteinander verbindet: Auch wenn der Mensch nur Geschöpf ist und Teil der Welt bleibt, so ist er doch des Ewigen und einer Beziehung zu Gott als seinem letzten, überweltlichen Ziel fähig und vermag, wenn er guten Willens, durch die Gnade getragen und durch die Offenbarung erleuchtet ist, sein eigenes Denken, Wollen und Handeln so auszurichten, daß er sein ewiges Ziel, die Gemeinschaft mit Gott und seine Vollendung in ihm erreicht.

Der wirkliche Sinn der Geschichte als Geschichte der Schöpfung als Ganzer kann von einem geschöpflichen Wesen, das selbst Teil der Welt und seiner Geschichte ist, allein aber nie ermittelt werden. Das bedarf einer innerweltlichen Offenbarung des transzendenten Gottes, der selbst nicht Teil der Welt ist, sondern sein unabhängiger Schöpfer. Es bedarf aber auch wieder des Menschen als Person, der zwar Teil der Welt ist, aber durch sein Personsein auch des Transzendenten fähig, und so diese Offenbarung Gottes verstehen und annehmen kann. Er wird dadurch *homo viator* mit einem überweltlichen Ziel: der Gemeinschaft mit Gott.

So hängt die Geschichtstheologie des Augustinus im Grunde wieder mit seiner Trinitätslehre, seiner Offenbarungs- und Gnadenlehre, seiner Moral, seiner Exegese und seinem Kirchenverständnis zusammen und legt diese auf Welt und Geschichte aus: *De civitate Dei* ist darum mehr als nur ein apologetisches Werk, das die aktuellen Vorwürfe und Angriffe der Heiden widerlegt. Es ist eine genialer und epochemachender Entwurf, der alles, was Heiden und Christen bisher gedacht hatten, überwindet und mit einer neuen, größeren Wahrheit konfrontiert, welcher die Menschen lehrt, ihren Gottes- und Weltbezug richtig zu verstehen und richtig zu gestalten. So schreibt Gisbert Kranz: „*De civitate Dei* ist der früheste Versuch einer universalen Geschichtsphilosophie, die alle sozialen und religiösen Erscheinungen unter eine Leitidee stellt. Alle späteren Geschichtsauffassungen, einerlei wie rational und säkular sie waren, gründen in Augustinus' deutendem Verstehen des Geschichtsprozesses."

Gisbert Kranz weiter: „Sein Geschichtsbild war etwas Neues. Als erster Denker begriff Augustinus die Menschheit als ein Ganzes und die Weltgeschichte, als deren Träger er diese universal verstandene Menschheit erkannte, als eine Einheit" (S. 125 f.).

Gliederung nach Carl Andresen und Wilhem Thimme, in: AURELIUS AUGUSTINUS, *Vom Gottesstaat / De civitate Dei*, 2 Bde., 1977, Bd. I, S. XVI–XVII.

Die zweiteilige Gliederung von *De civitate Dei* gibt diesen Aufstieg sichtbar wieder: Im ersten, eher apologetischen Teil geht er vom heidnischen Kult, seiner Praxis, seinem Verständnis und seinen historisch nachweisbaren negativen Wirkungen aus: Der heidnische Kult mit seiner Amoralität, seinem selbstbezogenen Nutzgedanken und seiner Unreflektiertheit hat das Römische Reich zugrundegerichtet, und nicht das Christentum. Der zweite, nun nicht mehr apologetische Teil entwickelt eine neue, auf die Offenbarung gestützte Deutung der Weltgeschichte mit ihrem transzendenten Ursprung im Schöpfergott, spricht von Gottes Handeln in der Welt, durch das er die gottferne *civitas terrena* mit ihrer falschen Selbstliebe zur *civitas dei* schrittweise umgestaltet, und spricht darüber hinaus von ihrem eschatologischen Endziel: der Vollendung der Welt im überzeitlichen Gott im Himmel als personaler Gemeinschaft mit Gott:

Teil I: Wider die heidnische Frömmigkeit des Weltstaates (1-10)

A: Die Verfechter des heidnischen Götterkultes aus Gründen irdischer Wohlfahrt (1–5)

- Wider die Lästerungen der Heiden, die das Christentum für den Fall Fall Roms verantwortlich machen
- Auch äußere Schicksalsschläge haben den Sittenverfall nicht verhindert
- Die Größe Roms ist nicht den Göttern zu verdanken
- Warum Gott Rom groß gemacht hat

B: Die Verfechter des heidnischen Götterkultes im Hinblick auf die jenseitige Seligkeit (6–10)

- Die Götter der Fabeln und des Staatskultes können kein ewiges Leben verleihen
- Die Platoniker und ihre Götter- und Dämonenlehre
- Der Dualismus des Porphyrius zwischen guten und bösen Engeln und der Afterdienst ihrer beidseitigen Verehrung

Teil II: Die Geschichte der beiden Bürgschaften: Gottesstaat und Weltstaat (11-22)

A: Der Ursprung der beiden Bürgschaften (11–14)

- Der Ursprung beider Staaten in der Engelwelt
- Die Ursache des Engelfalls und die Erschaffung des Menschen
- Der Abfall des Menschen und seine Bestrafung mit dem Tod
- Der Aufruhr des Fleisches als Folge des Sündenfalls

B: Die beiden Bürgschaften im Verlauf der Geschichte (15–18)

- Der Werdegang der beiden Staaten bis zur Sintflut
- Von Noah über Abraham bis David
- Von David bis zur babylonischen Gefangenschaft

- Das Nebeneinander von Weltstaat und Gottesstaat: von Abraham bis Christus

C: *Der für beide Bürgschaften gebührende Ausgang ihrer Geschichte (19–22)*
- Vom Endziel: höchstes Gut und wahrer Friede
- Das jüngste Gericht
- Die Ewigkeit der Höllenstrafen
- Die ewige Seligkeit des Gottesstaates

Augustinus entwirft im ersten Teil ein realistisches Weltbild und geht eher deskriptiv-analytisch vor: In der konkreten Menschheitsgeschichte gibt es zwar weiter noch Großes, Schönes und Gutes in Wollen und Tun, insofern die verbliebenen guten Kräfte im Menschen wirken. Aber es gibt auch Irrtum, Mangel und Leiden, resultierend aus Irrtum, Unwissenheit und dem aus der Sünde sich ergebenden, falschen Wollen und Streben. So pflanzt sich das Böse unwiderruflich durch die Geschichte fort und erzeugt immer neue Katastrophen, Verbrechen, Ängste, Gefahren und Versuchungen. Jeder beteiligte Mensch ist in diesem Verlauf zuerst das unvermeidbare Opfer und dann der unwillkürliche Täter: Er ist anfällig für das Böse und vollzieht es immer mit, weil seine ursprüngliche Gutheit schon beschädigt ist, er sich an das Böse gewöhnt hat und aus *eigener* Kraft dem Bösen nicht mehr ganz widerstehen kann.
Augustins nüchterne Erbsündenlehre darf nicht mit der pessimistischen Weltverteufelung fanatischer Sektierer verwechselt werden, die in Welt, Geschichte und ihren Ordnungen nur noch das dämonische „Reich des Satans“ sehen: Augustinus sieht das verbliebene Gute durchaus; er weist lediglich nach, daß das Böse eine fortkeimende innere Wirkung hat, so daß die *rein natürlichen Kräfte* des Menschen nicht mehr ausreichen, diese Welt wieder selbst zu heilen. Deshalb nutzen auch reine Belehrung, Erziehung und Weisheit nichts, weil der erbsündliche Mensch sie aus Eigenem nicht mehr wollen, lieben und erfüllen kann: Sünde bewirkt Seinszerstörung und Un-

freiheit. Es bedarf deshalb im Heilswerk nicht nur der Belehrung, sondern auch der inneren Heilung durch Neuerschaffung. Dies betonte Augustinus wiederum gegen den falschen Heilsoptimismus der Gnosis und des Pelagianismus.
Gäbe es nun keine in der Welt und Geschichte wirkende, heilende und erlösende Gnade Gottes, dann würde die Fortzeugung des Bösen in der Welt unaufhaltsam weiterwirken und einen zyklischen Prozeß entstehen lassen, der niemals ein höheres Ende hat: „Dann wäre die Menschheitsgeschichte nichts anderes als ein unaufhörliches Fressen und Gefressenwerden; ein dauernder Kampf aller gegen alle, in dem der Mensch des Menschen Wolf ist und jeder sich selbst der Nächste; eine endlose Wiederkehr des immer Gleichen; ein Kreislauf von Geburt und Tod, von Aufstieg und Niedergang, aus dem es kein Entweichen gibt in ein bleibendes, ewiges Sein; kurz – dann hätte die Geschichte keinen Sinn" (Kranz, S. 126).
Im Grunde hatte die antike Philosophie die Geschichte und die Dynamik des Kosmos immer als eine solche ziellose Zyklik gesehen. Parallelen gibt es auch in der Moderne, z. B. in der transzendenzlosen Existenzphilosophie eines Albert Camus und Jean Paul Sartre, die Welt und Geschichte für eine „rotierende Hölle von Absurditäten" halten (vgl. Kranz, S. 127). Augustinus kommt mit ihnen nur insofern überein, als er diese Absurdität *rein aus innerweltlicher Kraft* für nicht überwindbar hält. Die Geschichte braucht, um kein sinnloses Sich-um-sich-selbst-Drehen zu sein, einen innerweltlich wirkenden Eingriff des transzendenten Gottes, der in der Welt etwas bewirkt, das in ihr weiterwirkt, ohne rein innerweltlichen Ursprungs zu sein, und die Geschichte wieder ihrem endgültigen Ziel entgegenführt. Dieses Ziel liegt wiederum nicht im Irdischen selbst, es ist auch kein Etwas, sondern besteht in der eschatologischen Gemeinschaft der Geschöpfe mit Gott und der Teilhabe an der unendlichen Fülle seines innertrinitarischen Lebens. Augustins Geschichtstheologie formte das alte, zyklische Geschichtsmodell zu einem linearen Prozeß um, der seinen Ursprung allein im sowohl transzendenten wie heilswirksamen Gottesbegriff des Autors hat.

So stellt Augustinus dem ernüchternden Realismus seiner Weltbetrachtung einen größeren Optimismus gegenüber, der im Übernatürlichen wurzelt. Hoffnung kann der Mensch haben, wenn er an Gott als seinem übernatürlichen Ziel glaubt und darauf vertraut, daß dieser Gott auch in der Welt heilsgeschichtlich etwas begründet, das ihm durch neuschaffende und stärkende Gnade, Lehre, Moral und Spiritualität hilft, dieses ewige Ziel zu erreichen (vgl. Kranz, S. 127). Diese von Gott begründete Wirklichkeit ist die *civitas dei*. Da der bekehrte Mensch als Person weiter auf dem Weg ist und noch in beiden Welten, der *civitas terrena* und der *civitas dei* lebt, ist eine objektive Trennung innerweltlich nie möglich: Weder ein einzelner Mensch, noch die Kirche als Ganze sind innerweltlich die reine *civitas dei;* vielmehr wachsen ihre Bürgschaft und ihr Geprägtsein durch diese göttliche Gemeinschaft in dem Maße, als sie mittels ihrer gnadengeschenkten (!) Freiheit das von Gott selbst ausgehende Angebot des Heils ergreifen und umsetzen. So ergibt sich in der Welt ein realer und dynamischer Fortschritt, der aber in der Zeit noch nicht zu seiner Vollendung kommt und kommen kann: Eine vollkommene *civitas dei* wird die Kirche erst als die himmlische Kirche sein. Die Aufgabe des Menschen, für sich selbst und für seinen Bruder, ist das Wachstum dieser *civitas dei;* und dafür verfaßte Augustinus seine dynamische Geschichtstheologie: damit die Erlösten richtig denken über Welt, Geschichte, Heil und Kirche.
Civitas terrena und *civitas dei* sind also nach der wahren Lehre des Bischofs von Hippo zwar gegensätzliche, aber noch nicht gestalthaft trennbare Wirklichkeiten: Sie sind vielmehr „moralisch bestimmte Gesinnungsgemeinschaften, die sich nach der Art ihrer Liebe unterscheiden“ (Kranz, S. 132). Zwei gegensätzliche Arten der Liebe trennen sie: die *civitas terrena* ist bestimmt durch die Hybris der maßlosen *amor sui usque ad contemptum dei* (Selbstliebe bis hin zur Gottesmißachtung), die *civitas dei* von der *amor dei usque ad contemptum sui* (Gottesliebe bis hin zur Selbstmißachtung). Je mehr ein Mensch geprägt ist von der Gottesliebe, desto mehr ist er Bürger der neuen Welt, je mehr er der Selbstliebe folgt, desto mehr ist er

noch (oder wieder) Teil der alten, gottlosen Unheilswelt. Diese unterschiedliche Liebe, die nachfolgend zu unterschiedlichem Denken, Wollen und Handeln führt, trennt sie und macht sie zu „Kindern Gottes" oder „Kindern des Teufels", wobei in dieser Welt kaum einer gänzlich das eine oder das andere ist. Auch unter den Heiden konnte und wollte Augustinus noch solche „anonymen" Bürger der neuen Welt erkennen und ließ auch ihnen – fast neuzeitlich-revolutionär – eine Heilsmöglichkeit offen! Das dogmatische Axiom *extra Ecclesiam nulla salus* – „außerhalb der Kirche kein Heil", oft als diskriminierende Intoleranz ausgelegt, wäre auf dem Hintergrund der differenzierten Geschichtstheologie und Ekklesiologie Augustins neu zu deuten: In der Tat gäbe es ohne das gottbegründete Heilswerk kein Heil und kein Ziel für die Welt und ihre Geschichte, aber die *civitas dei* ist mit der sichtbaren Kirche schon nach Augustinus nicht identisch.

So zieht sich der Bruch zwischen alter und neuer Welt nach Augustinus nicht nur durch die Christen, sondern auch durch die Juden und die Heiden, ja er zieht sich sogar noch durch die Kirche selbst: Unter allen Vermögen ist das erste und größte die Liebe. Sie gibt allem anderen, Erkennen und Denken, erst Richtung und Kraft. Deshalb trennt die Art der Liebe im Letzten auch die beiden Welten. Einer der provozierendsten und deshalb oft mißverstandenen Sätze des Augustinus war deshalb: *Amo/Dilige, et quod vis fac!* (In epistulam Ioannis ad Parthos tractatus 7, 8). Oft wurde dies übersetzt: „Liebe, und dann tu, was du willst!" Das würde bloß ein beliebiges Handeln rechtfertigen. Die richtige Übersetzung wäre: „Liebe und schätze alles hoch ein. Und was du *dann* willst, das tue!" – Augustinus wollte nicht die Glaubensliebe zu einem irrationalen Gefühl machen, sondern genau das Gegenteil: Die gnadengeschenkte Liebe führt erst zu jener wertschätzenden und richtigen Erkenntnis des objektiven Wertes der Dinge, die zum richtigen Umgang mit ihnen führt. Die falsche Liebe ist dagegen die absurde Liebe, die alle Dinge

Erhellend, wie diese Zusf. von Augustins Ethik der Liebe fortfährt: „Schweigst du, so schweige aus Liebe; schreist du, so schrei aus Liebe; weisest du zurecht, so weise aus Liebe zurecht, übst du Nachsicht, so übe sie aus Liebe. Die Wurzel deines Handelns bleibe innerhalb der Liebe. Aus dieser Wurzel kann nichts anderes als Gutes wachsen."

nur auf ihren Nutzwert für das eigene, falsche Selbst reduziert.
Die augustinische Geschichtstheologie ist ebenso universal, wie dynamisch. Entsprechend deutet er auch die Kirche: „In *De civitate Dei* schildert Augustinus die Menschheit als eine einzige Familie, solidarisch in der Sünde wie in der Gnade. Die Kirche ist das Haus, das sie ganz versammeln soll ... Die Kirche ist über alle Unterschiede, die Menschen trennen können, erhaben: Sprachen, Völker, Staaten, Kulturen, Stände, Geschlechter – durch nichts läßt sie sich begrenzen, alles umfaßt sie“ (Kranz, S. 132). Die Dynamik gründet im Hervorgang der Welt aus Gott und deren Weg zurück zu ihrem übernatürlichen Ziel, das Gott selbst ist. Analog ist auch die Dynamik der heilschenkenden *civitas dei,* die in der Kirche wirkt. Sie ist eine von Gott begründete, neue Welt zur Heilung der gottverlorenen, alten Welt, die ohne sie ihr ewiges Ziel nie erreichte und erst am Ende mit dem geretteten Teil der Schöpfung identisch wird. So wie die Sünde und Gottvergessenheit der alten Welt die Menschen spaltete *(ubi peccatum ibi multitudo* – wo Sünden, da Vielheit; Origenes, In Ezechielem homilia 9, 1), so vereint die Kirche durch ihr geschichtliches Wirken zu einem neuen Volk aller Rassen, Nationen und Sprachen. Augustinus sah darin auch die Quelle für eine neue Welt, eine neue Kultur, die Römer und Barbaren, jetzt verfeindet, durch die Kraft des Glaubens in einer Kirche vereint.
Das Werk *De civitate Dei* hat durch seinen Umfang, sein reflexives Niveau und seinen Weitblick die kommende geistesgeschichtliche Tradition oft überfordert. Es warf stets mehr Fragen auf, als es beantwortete. So kam es immer wieder zu einseitigen Simplifizierungen und fehlerhaften Mißdeutungen, die zu fatalen und bis heute nachwirkenden Konsequenzen führten. Sie werden Augustinus bis heute noch vorgehalten, weil man ihn dafür verantwortlich macht. Im Mittelalter, ab der karolingischen Epoche, identifizierte man immer öfter die *civitas dei* mit dem christlich-fränkischen Staat, und begriff das heidnische Römerreich, sowie alle heidnischen Völker als bloße *civitates terrenae,* die man entsprechend unterwerfen und ein-

verleiben durfte. Im Rom der Innozenz-Päpste wiederum leitete man auch aus *De civitate Dei* eine Begründung der päpstlichen Weltherrschaft ab und betrachtete die weltlichen Fürsten nur als eingesetzte Verwalter, die ihr Amt vom Papst „zu Lehen" bekommen hätten. Hier leistete auch die gefälschte, sog. „Konstantinische Schenkung" gute Dienste.
Fanatische Sekten erklärten sich immer wieder als das alleinige, wahre „Reich Gottes auf Erden" und verteufelten die übrige Welt (und die Kirche) als „Reich des Satans". So die Katharer, Waldenser, Albigenser und Münsteraner Wiedertäufer. Bis heute wirkt dieser Geist teilweise weiter bei den amerikanischen Mormonen, einigen Pietisten und Baptisten sowie den sog. „Zeugen Jehovas". Einige moderne Theologen, u. a. Albrecht Adam, haben Augustinus auch vorgeworfen, er habe in seinem Werk *De civitate Dei* den ontologischen Dualismus des Manichäismus in seine Geschichtstheologie modifiziert einfließen lassen. Bei Mani gab es den Dualismus zwischen zwei gleich ewigen Mächten: einem dunklen Demiurgen, der die bösen Kräfte der Materie beherrscht, und Gott als dem guten und hellen Geist. Augustinus habe den Zustand der Welt und den Lauf der Geschichte analog gedeutet. Hier wirke der manichäische Dualismus weiter: Die *civitas terrena* sei der Machtbereich des Satans, die Kirche als *civitas dei* der Einflußbereich Gottes. Die Geschichte sei der der Verlauf des Kampfes zwischen diesen beiden Mächten.
Gegen diese Interpretation ist dreierlei einzuwenden: (1) Für Augustinus ist Satan kein Gegengott, sondern eindeutig ein Geschöpf. Es gibt in der Welt also keinen ontologischen Dualismus, sondern nur einen sekundären, moralischen Dualismus. Das Böse ist kein unabhängiges und gleichwertiges Prinzip, sondern besteht nur in der Minderung und Pervertierung des Guten. Augustinus hat dies gegen den Manichäismus immer mit aller Deutlichkeit vertreten. (2) Der moralische Dualismus zwischen Gut und Böse in der dynamischen Geschichte der Welt ist nicht Ausdruck und Folge eines metaphysischen, ewigen Konfliktes, son-

Zum Bösen als Nichtsein vgl. *De civitate Dei* XII 6,7. „Was aber ist, was ‚böse' heißt, anderes als das Nicht-dasein eines dasein-sollenden Guten *(privatio boni)*?" (Enchiridion 3,11). Diese ***Privationstheorie des Bösen*** übernimmt Thomas von Aquin.

dern nur ein Konflikt endlicher, geschöpflicher Kräfte. (3) Augustinus hat weder die sichtbare Welt mit der *civitas terrena* gleichgesetzt, noch die sichtbare Kirche im Lauf der Geschichte mit der *civitas dei.* Vielmehr sind nach Augustinus beide sichtbaren Wirklichkeiten, Kirche und Welt, vom Geist der *civitas dei* und der *civitas terrena* weiter geprägt. Es gibt keine sichtbare Welt, in der nichts Gutes mehr wäre, und auch keine sichtbare Kirche auf dem Weg durch die Zeit, in der nicht auch das Alte und Böse noch weiterwirkte.

Im Idealismus der Neuzeit und teilweise in der sog. *„Liberalen Theologie"* um 1900 erschienen die beiden *civitates* wiederum als ideale Mächte, die zwar nie ganz mit einer konkreten geschichtlichen Macht übereinstimmen, aber doch die denkerische Führungsschicht prägen können. Wenn sie dadurch reflexiv umgesetzt werden und das dialektische Denken zum steuernden und gestaltenden Prinzip des Planens und Handelns erhoben wird, kann und muß der idealistische Universalstaat „zum Heile der Menschheit" alle Funktionen und gesellschaftlichen Institutionen – damit auch die Kirchen – kontrollieren und zum Werkzeug der Verbreitung und Durchführung seines idealistisch-dialektischen Prinzips machen. Das dynamische Prinzip der augustinischen Geschichtstheologie prägte in gänzlich umgekehrter und säkularisierter Form auch den dialektisch-historischen Materialismus der Linkshegelianer Marx, Engels und Lenin, und deren dynamisches Hoffnungsdenken: Die jetzige Welt sei noch nicht die endgültige, die Idealwelt als das sorgenfreie „Paradies auf Erden" sei erst im Kommen: Sie könne und werde aber entstehen, wenn die Menschheit das nötige Wissen über Natur und Technik besitzt, die dynamische Dialektik als das steuernde Prinzip des Geschichts- und Weltverlaufs erkennt und mit ihm kongruent und dynamisierend zusammenwirkt; vorausgesetzt natürlich, daß die Menschen durch entsprechende Aufklärung und sozialistische Umerziehung dazu gelangen, die Religion als einschläferndes und ermattendes „Opium fürs Volk" und irrationale und systematisch täuschende „Jenseitsvertröstung" zu durchschauen und abzuschütteln.

Der absolute Primat der Gnade – eine Logik des Schreckens?

Eines der schwierigsten und wegen ihrer epochenüberschreitenden Folgen umstrittensten Werke des hl. Augustinus ist jene Gnaden- und Erbsündenlehre, die er zwischen 397 und 417 in mehreren Schriften verfaßt und veröffentlicht hat. Dazu gehören *De diversis quaestionibus ad Simplicianum,* das als Eingangswerk für eine neue Theorie betrachtet werden kann (397), *De peccatorum et remissione* (411/412), *De fide et operibus* (412/413) und seine zusammenfassenden Abschlußwerke *De natura et gratia* und *De perfectione iustitiae hominis* (415). Alle haben zugleich suchenden wie kontroverstheologischen Charakter. Im Hintergrund stand die immer konfliktreichere Auseinandersetzung mit Pelagius und seinen Anhängern, die erst 416 mit der *Synode von Mileve* endete. Man kann Augustins Gnadenlehre auch deswegen nicht als nur apologetisch im direkten Sinne bezeichnen, weil damals den pelagianischen Theorien noch gar keine klar definierte Lehre der Kirche zur Gnadenfrage gegenüberstand. Vielmehr hat Augustinus sie erst im Lauf der Auseinandersetzung mit Pelagius und anderen entwickeln und dann durchsetzen müssen.

Das Verhältnis von Freiheit und Sünde, Sünde und Gnade, sowie Glaube und Werken erschien rätselhaft und ließ verschiedene Deutungen zu: Die heidnischen Neuplatoniker verschoben die Ursache für die Übel, die Leiden und das Böse in der Welt auf die Unwissenheit und die daraus folgenden Irrtümer der Menschen in Denken, Leben und Handeln. Sie antworteten darauf mit Bildung und Weisheitslehre, von deren Umsetzung sie eine Heilung der Welt erhofften. Die Manichäer deuteten die Übel als Folge eines dualistischen Konfliktes von guten und bösen Kräften der „Mischwelt", deren Opfer der Mensch ist. Heil erwarteten sie sich aus der dynamisch-wachsenden Abkehr des Menschen vom Materiell-Bösen und der

Hinkehr zum Geistig-Guten auf dem Weg der Wiedergeburt und Seelenwanderung. Pelagius verstand wiederum unter Erlösung und Heil ein paritätisches Zusammenwirken von göttlicher Offenbarung, Gnade und menschlicher Freiheit.
Alle diese Auffassungen enthielten Teilwahrheiten mit Überzeugungskraft. In der Art jener Sogwirkung, durch die die Natur nach Aristoteles leere Räume stets aufzufüllen pflegt *(horror vacui)*, zog es die späten antiken Lehren in das christliche Noch-Vakuum hinein, so daß auch Augustinus, „biographisch einschlägig vorbelastet", *bis 397* entsprechende Elemente aufnahm. Dies wurde ihm besonders in der Zeit der pelagianischen Kontroverse immer wieder vorgehalten. Doch er war stets bereit, Irrtümer einzugestehen und zuzugeben, daß auch sein Denken einem Wachstum unterliegt. Entsprechend ist auch die Veränderung seiner Gnadenlehre zu verstehen: Ob es sich dabei um einen „Bruch" handelt, wie Kurt Flasch es gedeutet hat, ist zumindest in Frage zu stellen. Gewiß hat Augustinus in seinen Frühschriften seit 386, in denen seine reflektierte Überzeugung noch nicht vollendet war, immer wieder den versöhnenden Kompromiß mit dem Neuplatonismus, dem Pelagianismus und den Gnostikern gesucht; später, bis 396 wohl auch, um die Einheit der Kirche in dieser ungelösten Streitfrage nicht zu gefährden. Als ihm aber nach weiterer, langer Auseinandersetzung mit den Paulusbriefen die Wahrheit ganz aufgegangen war, hat er sie gegen die Pelagianer energisch und überzeugend vertreten müssen. Seine Aussagen zur Gnaden- und Erbsündenlehre, als weiterführende Antithese zum Pelagianismus formuliert, darf man jedoch nicht isoliert betrachten, sondern zusammen mit seinem positiv-realistischen Weltbild, seiner dynamischen Geschichtsphilosophie, seiner Anthropologie und seiner differenzierten Ekklesiologie.

KURT FLASCH, *Logik des Schreckens. Augustinus von Hippo – Die Gnadenlehre von 397*, 1990 (Kurztitel = **Flasch**).

Äußerer Anlaß war ein Brief, den ihm Simplician schrieb, der neuplatonisch geprägte Nachfolger des Ambrosius als Bischof von Mailand. Simplician bewegte die alttestamentliche Erzählung über Jakob und dessen Bruder Esau (Gen 25–27), in der

Jakob seinen älteren Bruder durch eine Schliche um sein Erstgeburtsrecht betrog. Gott, so sagt die Schrift, sei auf diesen Betrug eingegangen. Das verursachte Spekulationen: Wieso hat er Esau, dumm und vierschrötig, zum Erstgeborenen gemacht, und nicht Jakob? Wieso deckt Gott die Unmoral? Wieso hält er sich selbst nicht an das Gesetz, das er selbst später durch Mose erlassen würde? – Schwierig erschien auch die Auslegung durch den Apostel Paulus, der das Verhältnis zwischen Esau und Jakob mit dem der Juden zu den (früher) heidnischen Christen verglich: Der Bund mit den Ersterwählten sei erloschen, weil diese sich nicht würdig erwiesen hatten; darauf folgt jetzt der neue Bund der Erwählung durch Gnade für ein neues Volk aus allen Völkern (Röm 9,10–29). Ist das nicht Willkür, die alle menschliche Moral zuschanden macht? Ist ein Gott, der Unrecht und Betrug hinnimmt und fördert, nicht noch schlimmer als die alten Götter der Heiden? Ein solcher amoralisch-willkürlicher Gott kann doch nur zu irrationaler Unkultur führen! Wie soll das Imperium mit einer solchen Religion zu neuer Vernunft, Moral und Stärke kommen? Simplician bat Augustinus, ihm den Sinn dieser alttestamentlichen Stelle und vor allem seiner rätselhaften, paulinischen Auslegung zu erklären (Flasch, S. 7f.).

Die Überlegungen, die Augustinus in der Gnadenlehre vorlegt, gehören zu den komplexesten und differenziertesten aller seiner Werke. Der Text bezeugt detaillierte Schriftkenntnis, absolute Präzision in der Gedankenführung, Gewissenhaftigkeit und gute Vermittlungsgabe, hat aber gestern wie heute die meisten Leser doch überfordert. So erklären sich auch die meisten einseitigen Fehlinterpretationen von den Sektierern des Mittelalters und der Frühneuzeit bis hin zu Jan Hus, den Nominalisten, Luther und Calvin. Augustinus verstand seine neue Gnadenlehre ab 397 nicht als eine eigen-erdachte, spekulative Weisheit, sondern als eine reflexive Ermittlung des wahren Inhalts der Gnadenlehre des Apostels Paulus und damit auch als Vermittlung und Verteidigung der höheren Wahrheit der göttlichen Offenbarung gegen die halbweisheitlichen Mischkonzeptionen seiner Gegner und auch seiner eigenen Frühschriften.

In seiner ersten Schrift als Bischof, *De diversis quaestionibus ad Simplicianum,* beantwortet Augustinus acht Fragen Simplicians. Hier geht es um die 2. Frage/*quaestio* des 1. Kapitels oder Buches (I 2), gegliedert in 22 Abschnitte (n. 1–22). Vollständiger Text in: Flasch.

Im entscheidenden ersten Kapitel seines Briefes an Simplician sucht Augustinus das geheimnisvolle Verhältnis von Sünde und Unfreiheit, Gnade und Freiheit, Glaube und Werken, Berufung und Erwählung, Heil und Verdammnis anhand der Jakob-und-Esau-Geschichte und des Sinnes ihrer paulinischen Auslegung zu deuten: „An vielen Stellen und oft bezeugt der Apostel, daß die Gnade des Glaubens den Werken vorausgeht. Er will damit die Werke nicht wertlos machen, sondern zeigen, daß sie nicht Voraussetzung, sondern Folge der Gnade sind. Niemand soll ja zu der Auffassung kommen, er habe deshalb die Gnade empfangen, weil er gute Werke getan hat. In Wirklichkeit kann er nichts Gutes tun ohne durch den Glauben die Gnade empfangen zu haben … Der Herr selbst spricht: Wer nicht aus dem Wasser und dem Heiligen Geist geboren wird, wird nicht in das Himmelreich eingehen … Die Anfangsstadien des Glaubens entsprechen etwa einer Empfängnis; man muß aber nicht nur empfangen werden, man muß auch geboren werden, um zum ewigen Leben zu gelangen. Nichts davon ist aber möglich ohne die Gnade des Erbarmens Gottes, der, wie schon gesagt, folgen die guten Werke der Gnade nach, sie gehen ihr nicht voraus … Hier (Gen 25–27) bewies er es am Beispiel zweier Kinder, die noch nicht geboren waren“ (I 2, n. 2).

Eindeutig belegt hier Augustinus anhand der paulinischen Rechtfertigungslehre gegen die Pelagianer den absoluten Primat der Gnade: Freiheit, Offenheit und gute Werke sind nicht Voraussetzung für eine Erwählung zum Heil und die Erlangung der Gnade, sondern die rein gnadenhafte Erwählung bringt die Offenheit für die Offenbarung und den Willen und die Kraft zum guten Werk erst hervor! Der erbsündlich gefallene Mensch kann selbst weder sein Heil kennen noch wollen; er kann deshalb auch nicht aus Eigenem (!) mit Gott zur Erlangung seines Heiles zusammenwirken, sondern nur, wenn die heilende Gnade in ihm wirkt: „Die Gnade kommt also vom Berufenden. Von dem aber, der die Gnade empfängt, kommen folglich die guten Werke, die die Gnade nicht hervorbringen können, sondern die kraft der Gnade hervorgebracht werden sollen. Denn das Feuer wärmt nicht, um zu brennen, sondern weil es brennt; auch läuft ein Rad nicht gut, damit es rund wird, sondern weil es rund ist. Ebenso tut niemand deshalb Gutes, damit er die Gnade empfängt, sondern weil er sie empfangen hat" (I 2, n. 3).

Wenn nun aber Esau – wie im Grunde auch jeder andere Mensch vor seiner Geburt – seine Unfähigkeit noch gar nicht bewiesen hat und auch noch gar nicht gesündigt hat, ja es noch nicht einmal konnte: wie kann dann seine Verwerfung durch Gott *gerecht* heißen? Warum sagt Gott laut der Schrift: *Jakob habe ich geliebt, Esau aber gehaßt?* Sind ein solcher Haß gegen den einen, und auch die Erwählung des anderen Ungeborenen nicht bloße Willkür? Oder muß man folgern, Gott habe den Esau bereits hassenswert und schlecht erschaffen, damit er ihn anschließend verwerfen konnte? Das widerspräche aber dem Schöpfungsgedanken, denn es heißt in der Schrift: „Gott sah alles an, was er gemacht hatte, und es war sehr gut!" (Gen 1,31). Oder geht die Erwählung der Erschaffung voraus und bestimmt sie? Andernfalls müßte man sagen: „Er (Jakob) ist also nicht erwählt worden, damit er gut geschaffen würde, sondern er wurde gut geschaffen und konnte so erwählt werden" (I 2, n. 4). Daraus ergäbe sich jedoch die Folgerung, daß Gott letztlich selbst an der Gutheit und der Bosheit schuld wäre, und nicht das Geschöpf. Jeder ist dann eben zwangsläufig so, wie Gott ihn gemacht und bestimmt hat, entweder gut oder böse. Das würde Gott zum Urheber des Bösen machen, und wir näherten uns wieder dem ontologischen Dualismus der Gnosis und der Manichäer an.

Ein weiterer Versuch zur Lösung dieses Geheimnisses könnte auch die Einbeziehung des Vorsehungsgedankens sein: Gott kann durch seine *providentia* auch den künftigen Glauben des noch nicht geborenen Jakob erkennen und ihn deshalb erwählen! Augustinus sah aber auch bei dieser „Lösung" einen Rückfall in die pelagianische „Lohnlehre": „Geschieht die Erwählung aus Vorherwissen und hat Gott den Glauben Jakobs vorhergewußt, wie beweist du dann, daß er ihn nicht doch aufgrund der Werke erwählt hat? ... Und wenn einer behauptet, er wurde erwählt wegen des künftigen Glaubens, den Gott vorherwußte, so könnte ein anderer mit nicht weniger Recht behaupten, er wurde erwählt wegen der künftigen Werke, die Gott um nichts weniger vorauswußte!" (I 2, n. 5). Für eine solche Auslegung gibt es aber in der Schrift kein Indiz; außerdem würde sie am Ende wieder zu derselben Alternative führen: Pharisäisch-pelagianische Lohnlehre (sekundäre Erwählung aufgrund der Werke), oder vorherbestimmende Willkür Gottes.

Nach Augustinus gibt es bei der paulinischen Gnadenlehre innerhalb eines allgemeinen Heilsplans eine vorausbestimmende, persönliche Erwählung, eine persönliche Berufung und eine Verherrlichung, die alle einander bedingen, aber nicht identisch sind und haargenau unterschieden werden müssen: „Die aber, die er vorausbestimmt hat, hat er auch berufen. Und die er berufen hat, hat er auch gerecht gemacht. Die er aber gerecht gemacht hat, hat er auch verherrlicht" (Röm 8,30). Auf den Heilsplan und die Erwählung hat der betroffene Mensch keine Einwirkung; lediglich im Letzten, der persönlichen Berufung, kann er durch die mittels der neuschaffenden Gnade in ihm wiedererweckte Freiheit antworten. Das bedeutet konkret: Der Sünder ist durch die Sünde unfrei und gottverloren. Er kann *aus Eigenem* Gott nicht mehr kennen, wollen und suchen. Gott muß also die Initiative ergreifen durch einen allgemeinen Heilsplan, in den er jeden Menschen noch einmal individuell verschieden einbezieht. Dies ist die personale Erwählung, die den Einzelnen aus reiner Gnade im Vorhinein trifft: „Nicht ihr habt mich erwählt, sondern ich habe euch erwählt und euch dazu bestimmt, daß ihr hingeht und Frucht bringt, und daß eure Frucht bleibt" (Joh 15,16). In dieser vorausgehenden Erwählung also liegt eine neuerschaffende Gnade, die im betroffenen Individuum die verlorene Freiheit, Gutheit und Gottesliebe wieder erweckt. Dadurch erkennt er seine personale Berufung, auf deren Anspruch er mittels der gnadenhaft neu erweckten Freiheit denkend und handelnd antworten kann, oder eben nicht. So sind, wie der Apostel sagt, viele berufen, aber nur wenige auserwählt.

Gott hat im Anfang alle Menschen gut erschaffen. Aber durch die Sünde und ihre Weiterwirkung durch die Erbsünde wurden alle Menschen unfrei und gottverlorene Sklaven der Sünde. So entstand geschichtlich die *civitas terrena* mit ihrer falschen Selbstliebe und ihrem falschen Streben. Sie kann zwar die Gutheit der Schöpfung nie völlig zunichte machen und lebt aus ihr; aber sie richtet sie zwangsläufig immer mehr zugrunde. In dieser Welt beginnt nun Gott eine Heilsgeschichte und einen gnadenhaften Heilsplan. Durch die Ausgießung seiner heilenden Gnade erweckt er die verlorene Freiheit der Menschen wieder, so daß sie wieder frei werden zur Antwort und zu guten Werken. Die Gnade erweckt also die Freiheit wieder und ermächtigt den Menschen zur Annahme einer Berufung, die am Ende zu seiner Verherrlichung führen kann. Der *absolute Primat der Gnade* hebt also die Werke nicht auf oder erklärt sie gar für irrelevant (der Glaube ohne die Werke ist ja tot). Nach Augustins Deutung sind die Freiheit zum guten Werk und die konsekutive Mitwirkung des Erlösten im Heilsplan beide vollkommen von der rein gnadenhaften Erwählung durch Gott getragen. Das bedeutet aber umgekehrt, daß die Gnade im Menschen erst wieder jene Freiheit erweckt, in der er zu seiner individuellen Berufung und zum guten Werk auch ein freies Nein der Verweigerung sagen kann. Weil die Gnade frei macht, ist das Nein des Menschen auch ein freies Nein; im Gegensatz zum erbsündlichen Nein, das ein teilweise unfreies Nein war und aus der Gottverlorenheit und falschen Selbstliebe kam. So ist auch eine Verdammung eines Erwählten und Gerechtfertigten, der kraft seiner gnadenhaft erweckten Freiheit ein freies Nein zu seiner Berufung gesagt hat, nicht ungerecht oder gar willkürlich, sondern gerecht. Denn ein solcher Mensch hat durch reine Gnade seine Freiheit wieder gehabt, die guten Werke zu tun, und hat es nicht getan. Er hätte zur „Freiheit der Kinder Gottes“ gelangen können, aber er hat es nicht gewollt.

Augustins komplexe Gnaden- und Rechtfertigungslehre ist in ihrer Tiefe oft nicht richtig verstanden und mißdeutet worden. Man interpretierte die geschichtlichen Wirklinien von Sünde und Gnade als im Grunde parallele Geschehen: Die einen sind von Gott und seiner Gnade willkürlich erwählt, also können sie dadurch auch das Gute tun und den Himmel erlangen; andere sind willkürlich nicht erwählt, also sind sie dazu bestimmt, in der Welt weiter das Böse zu tun und am Ende verdammt zu werden. Die einen sind unfrei durch die „Sklaverei der Gnade", die in ihnen wirkt, die anderen unfrei durch die Sklaverei des Bösen, der sie unrettbar verfallen bleiben. Die guten Werke sind deshalb irrelevant für das Heil, sondern nur der geschichtliche Indikator für die rein gnadenhafte Erwählung durch Gott. Im Grunde hat sie ja auch nicht der Mensch selbst hervorgebracht, sondern *nur Gott durch ihn* als seinem Werkzeug. Dies war die Deutung des Reformators Jean Calvin und der Genfer *reformierten Kirche,* die sich in ganz Europa und auch der neuen Welt ausbreitete. Sie entwickelte aus Augustins Theologie auch den Gedanken der *absoluten Prädestination* zu Heil oder Unheil, auf die der Mensch gar keinen Einfluß hat.
Augustinus hat jedoch aus der Wirkung von Sünde und Gnade gerade keine absolut gegenläufigen Parallelen machen wollen: Es gibt bei ihm keine „Sklaverei der Gnade" als Gegenüber zur „Skaverei der Sünde". Aus Sünde wachsen Unfreiheit und der Verlust des Guten; daraus erwachsen zwangsläufig der falsche Wille und die falsche Selbstliebe, aus ihnen wiederum das falsche Streben und Handeln, durch die der Mensch unrettbar zur Sklaverei der Sünde und am Ende zur Verdammnis gelangt. Der Heilsweg ist aber nicht parallel dazu: Gott schenkt den Erwählten, die noch unfrei sind, die Gnade; aus der Gnade erwächst jedoch wieder die Freiheit zum guten Wollen und Streben, und damit zur freien Antwort auf die Berufung. Die Gnade und die Liebe zwingen nicht, sondern machen frei. Hier hört die Parallele auf: Der durch reine Gnade erwählte Mensch wird deshalb nicht gezwungen, sondern nur neu ermächtigt zu guten Werken. Sie sind deswegen auch

nicht nur die Werke Gottes, sondern auch ganz seine eigenen. Er bringt sie allerdings nur *mit* der helfenden Gnade Gottes hervor. Die Sünde erzeugte also im Menschen das *falsche Selbst* der Selbst- und Gottesentfremdung *(alienatio),* durch die er unfrei wurde und die Werke des Satans tat zur Zerstörung seiner selbst und der Welt. Die Gnade hingegen restituiert im Menschen wieder das *wahre Selbst,* das Selbstfindung und Gottesfindung zugleich ist (der Mensch ist ja Ebenbild Gottes). In Folge sind auch das Ja zur gnadenhaften Berufung und die guten Werke zugleich die Werke Gottes *und* ganz die Werke des Menschen als wahrem Selbst.

Der Himmel ist deshalb auch nicht die verändernde Vergöttlichung des Menschen, sondern seine *Selbstvollendung* als Ebenbild Gottes in der Gemeinschaft mit seinem Urbild. Hier muß man die Soteriologie und Gnadenlehre des Augustinus mit seiner dynamischen Geschichtstheologie und seiner Trinitätslehre verbinden: Die Einheit zwischen Gott und Mensch ist auf Erden innerhalb der Geschichte noch nie ganz vollendet; nicht einmal bei den Heiligen. Hier kämpfen immer noch alter und neuer Mensch, Gnade und Sünde, Freiheit und Unfreiheit, Gottverbundenheit und Selbstentfremdung gegeneinander. Erst im Himmel wird die Gemeinschaft mit Gott vollkommen sein, aber auch bleibend die Unterschiedenheit von Gott: Er darf als Person teilnehmen an der Lebensfülle des dreipersonalen Gottes und darin selbst seine Fülle und Vollendung als Ebenbild Gottes finden. Aber er bleibt dabei ganz endlicher Mensch, von Gott erschaffen, jedoch kraft seines Personseins auch des Ewigen fähig und zur Gemeinschaft mit Gott berufen. Dieses Ziel kann der Mensch aber nur noch durch die Gnade Gottes erreichen, denn die Sünde trieb ihn in Gottesverlust und wachsenden Selbstverlust durch Selbstentfremdung. Die heilende und neuerschaffende Gnade muß den Menschen erst wieder zu seinem wahren Selbst führen, auf daß er dadurch fähig wird, die Werke Gottes zu tun und dadurch als *konsekutiver* (nachfolgender, nicht paritätischer!) Mithelfer Gottes die Welt und sich selbst zu heilen und an sein Ziel zu gelangen.

Kurt Flasch, der große Augustinuskenner und Augustinusgegner, sieht in Augustins neuer Gnadenlehre seit 397 einen fundamentalen Bruch, durch den Augustinus sich nicht nur von seinem früheren Denken (386–396) getrennt, sondern auch der späteren abendländischen Geistigkeit einen neutralen, synthetisierenden Zugang zur Weisheit der antiken philosophischen Tradition versperrt hätte (vgl. Flasch, S. 19–138). Die radikale Gnadenlehre Augustins habe der Geisteswelt des Abendlandes und ihrer Kultur eine schwere Hypothek aufgeladen: Immer wieder entstanden sektiererische, welt- und kulturverteufelnde Gruppierungen; Augustins Gnadenlehre mit seinem negativen, pessimistischen Menschenbild und Sündenverständnis sei im Abendland auch immer wieder zur Rechtfertigung von Totalitarismus und (pseudo-)religiöser Meinungsdiktatur verwendet worden. Das fatale *compelle intrare* seiner Geschichtsphilosophie hätte dazu auch noch beigetragen.

Flasch (S. 121–133) stellt die radikalen Neuerungen in sechs kurzen Thesen dar:

(1) Die Gesamtheit heidnisch-philosophischer Werte verliert vor Gott ihren Wert: Gerecht ist nur noch, wer gerechtfertigt ist.

(2) Zu keiner guten Handlung liegt die Initiative mehr beim Menschen selbst. Was einen Wert hat, beginnt durch Gottes spezielles Wollen. Was die Menschen selbsttätig wollen und tun können, hat keinen Wert vor Gott, sondern verstrickt sie nur weiter in Schuld. Nicht einmal die Reue, das Sündenbekenntnis und die Umkehr gehen mehr vom Menschen aus, sind ausschließlich gnadenbewirkt.

(3) Vorher habe Augustinus gelehrt, daß Sünde und Schuld menschliche Freiheit voraussetzten, um überhaupt Sünde sein zu können. Jetzt habe er den Sündenbegriff von der freien Entscheidung abgetrennt von der persönlichen Entscheidung: Der erbsündliche Mensch muß sündigen.

(4) Bis 395 habe Augustinus gelehrt, daß Gott jene beseligende Weisheit sei, die sich bereitwillig und freigebig jedem Menschen öffnet, der ihn kraft seiner Vernunft und Freiheit

sucht. Seit 397 sei ihm die Menschheit nur noch ein fleischlich-gottverschlossener „Sündenteig", den Gott selbst als „souveräner Töpfer" zu neuen Figuren formen muß, weil die Menschen selbst nichts mehr tun können. Deswegen habe ihm Augustinus auch das „Privileg" zugestanden, irrational und unmoralisch zu handeln: Er haßt unschuldige Kinder, verhärtet die Herzen der Sünder im voraus, und erbarmt sich derer, der er sich willkürlich erbarmen will, und läßt die anderen zugrundegehen.

(5) Die Chancen, mit Hilfe menschlicher Vernunft und Ethik Glück und Wohlergehen in der Welt durchzusetzen, sind also seit 397 erheblich geringer geworden: Ein irrationales Böses, das im Menschen wirkt, kann durch Vernunft und Einsicht nicht gebändigt oder umgekehrt werden. Das geht nur durch Verbot, Strafe, Gewalt und Leiden. So tat es Gott schon in der infralapsarischen Ordnung nach dem Sündenfall; so muß es auch die Kirche mit Hilfe des Staates und der weltlichen Macht tun: Sündhafte Menschen müssen mit Gewalt vor sich selbst geschützt werden; egal, ob sie es selbst wollen und einsehen oder nicht. Gerade die widerständigen und uneinsichtigen Sünder dürfen dann auch mit körperlicher Gewalt und Schmerz „auf den richtigen Weg" gebracht werden. Stellt man es geschickt an, stellt sich am Ende vielleicht die willentliche Zustimmung schon ein.

(6) Die antike Bildung, Literatur, Wissenschaft und Ethik wird abgewertet. Nicht Weltweisheit führt zum Heil, sondern allein die Gnade und der Glaube. Lieber unmündig und fromm, als gebildet, stolz und verschlossen! Deshalb mißtraute die abendländische Kultur besonders der Bildung der Massen, setzte nur auf Gehorsam und vernachlässigte lange jede geistige Mündigmachung der Menschen.

Augustinus sei daher der geistige Vater einer Ideologie geworden, die Schrecken, Furcht und die Erzeugung von Schuldbewußtsein und Verdammnisängsten für ein notwendiges Mittel der Erziehung, sowie Zwang und Strafe für die notwendige

Voraussetzung jeder Veränderung und Besserung ansah. Das habe im Mittelalter zu Gewaltinstrumentalisierung und administrativem Totalitarismus geführt. Auch der *Nominalismus* mit seiner Verabsolutierung der Erbsünde, gemäßigt im Luthertum, radikal bei Katharern, Wiedertäufern und Calvinisten, sei eine Folge Augustinus'. Kritiker des radikalen Augustinismus wie Peter Abaelard fielen der Inquisition zum Opfer. Erste Schritte der Überwindung gelangen erst in der Renaissance, wobei deren Leichtlebigkeit gleich wieder den *Jansenismus* als Gegenbewegung hervorrief. Erst die Neuzeit konnte den Schauder des zur „Lebensmacht" aufgestiegenen Augustinismus endgültig abschütteln (vgl. Flasch, S. 133–138).

Kurt Flasch ist, zumindest was viele zeitgeschichtliche Konsequenzen, Praktiken und Entwicklungsformen anbetrifft, durchaus zuzustimmen. Andererseits muß betont werden:

(1) Augustins Gnadenlehre ist ein antithetisches und kontroverstheologisches Werk, das gegen die Thesen der Pelagianer und Semipelagianer verfaßt wurde. Eine richtige Auslegung seiner Thesen kann deshalb nur gelingen, wenn man sie mit seiner Schöpfungs-, Geschichts- und Kirchenlehre zusammendenkt.

(2) So wie die beiden Welten *civitas dei* und *civitas terrena* nicht identisch sind mit der sichtbaren Kirche und der sichtbaren geschichtlichen Welt, sondern als ideelle Gesinnungsstrukturen ungetrennt und unvermischt in beidem, ja sogar in jedem Menschen vorkommen, so sind auch in der Gnadenlehre *„der Sünder"* und *„der Heilige"* keine wirklichen Menschen, die absolut gegeneinanderstehen, sondern wieder nur antithetische Idealgestalten oder Prinzipien. Es gibt unter den realen Menschen niemals einen, der nur noch böse wäre und in dem nichts Gutes mehr ist, genauso wie es keinen schon gänzlich Heiligen gibt, in dem der alte Mensch schon völlig verschwunden oder überwunden wäre.

(3) Augustins Gnadenlehre ist keine von ihm selbst rein weisheitlich entwickelte Theorie, sondern der nach wie vor überzeugende Versuch einer kongruenten und reflektier-

ten Umsetzung der Gnadenlehre des Apostels Paulus. Sie deckt sich zudem sowohl mit dessen konkreter Bekehrungs- und Berufungsgeschichte, wie mit der des hl. Augustinus. Theologie ist keine voraussetzungslose Wissenschaft, sondern reflektierte Rechenschaftsgabe über die Wahrheit von Gott, Welt, Mensch und Geschichte auf dem Hintergrund der göttlichen Offenbarung.

(4) Wenn Augustins Gnadenlehre kritisiert wird, dann muß man auch mögliche Alternativen angeben, die sowohl dem Zeugnis der Offenbarung als auch der Vernunft entsprechen. Auch die Kritiker des Augustinismus werden deshalb nicht zu Pelagianismus, Manichäismus oder Gnosis zurückkehren wollen.

(5) Die augustinische Gnadenlehre ist keine „Logik des Schrekkens", sondern ein Hoffnungsbild: Der Mensch ist nicht nur seines eigenen Glückes Schmied. Er darf auf die Gnade hoffen und vertrauen. Er kann seine Schritte tun und damit rechnen, daß Gott vollenden wird, was er in dieser Welt begonnen hat. Er ist auch nicht nur passives Produkt einer Heilsveranstaltung, die ihn nur von außen her heiligt und vollendet, sondern schon in dieser Welt mit allen seinen Kräften und Begabungen zur Würde der konsekutiven Mitarbeit am göttlichen Heilswerk berufen: *Gott, der dich ohne dich erschaffen hat, rettet dich nicht ohne dich!* (Sermones 169,13). Der Mensch braucht also die Gnade, aber die Gnade braucht auch ihn und wartet auf seine Antwort in Wort und Tat. Augustinus hat diese Antwort gegeben und wurde so zu einem Menschen der Hoffnung in einer hoffnungslosen Zeit.

„Eine solche Unergründlichkeit, glaubt mir, ist im Menschen, daß sie dem Menschen selber, in dem sie lebt, verborgen ist" (Enarrationes in Psalmos 41,13).

In dieser Zeit und Welt gibt es keine Antwort auf alle Fragen, aber Augustinus trieben die Fragen immer weiter an: „Mit innerem Stachel triebst du mich, daß ich nicht Ruhe fände, bis du mir durch inneres Schauen gewiß würdest" (Confessiones VII 11,17).

Die Zeit – Ausdehnung der Seele

Was ist Zeit? Sie scheint eine objektive Kategorie des endlichen Seins zu sein. Alle Dinge haben Zeit und Raum: Meere, Berge, Kontinente, ja sogar die Gestirne. Aber sie *haben* nur Zeit, können sie aber als solche nicht wahrnehmen. Die Geschöpfe sind in ihrem Kommen und Gehen, in ihrem Entstehen und in ihrer Veränderung nur bloße Objekte und Produkte der Zeit. Die Zeit gestaltet sie, aber sie selbst können sie nicht objektiv wahrnehmen und selbstursprünglich gestalten. Erst und allein im *Menschen* mit seiner Vernunft, seinem Erkennen und Wollen entsteht eine selbstursprüngliche Mitgestaltung von Ereignissen und Veränderungen – in den Dingen, und in ihm selbst. Das nennt man Geschichte. Der Mensch ist nicht nur Opfer und Objekt der Gestaltung aller veränderlichen Dinge, sondern auch dessen Subjekt. So hat er nicht nur ein Wollen, sondern auch ein Sollen: die Frage danach, was gut und richtig ist. Er ist – obwohl selbst ein endliches Geschöpf – der von Gott eingesetzte Verwalter und Mitgestalter der Schöpfung. Er nimmt die Zeitlichkeit der Schöpfung mit seiner reflektierenden Vernunft wahr und kann auch nach dem absoluten Woher und Wohin des endlichen Seins fragen: So schreibt Augustinus in einem Brief: „Die menschliche Seele steht gewissermaßen im Mittelpunkt. Unter sich hat sie die körperliche Kreatur, über sich aber den Schöpfer ihrer selbst und des Leibes“ (Epistulae 140, 2,3). Im Menschen erst kommt die Zeitlichkeit zu sich selbst (vgl. Confessiones XI 23,29): „Schlechte Zeiten – mühselige Zeiten, so sagen die Leute. Laßt uns gut leben, und die Zeiten sind gut! Wir sind die Zeiten: Wie wir sind, so sind die Zeiten!“ (Sermones 80, 8).

Eine solche objektive Wahrnehmung setzt im Menschen also die Existenz von etwas Überzeitlichem voraus. Er ist ein „Zwischenwesen“: Selbst ganz Geschöpf, aber doch als endliches Wesen des Ewigen fähig. Es muß in der menschlichen Seele also etwas Durchhaltendes geben, was seine sachliche Veränderung als „Identität in Verschiedenheit" bewahren kann: „Ich war einmal klein, jetzt bin ich groß – Ich war einmal unwissend, jetzt habe ich gelernt – Ich war einmal böse, jetzt bin ich gut und folge dem Guten". Das Ich hat sich verändert und ist doch es selbst geblieben: Identität in der Verschiedenheit. Im Menschen sind beide Zeiten, Vergangenheit als Erinnerung, und Zukunft als Erwartung immer schon gegenwärtig und bestimmen sein Denken und Handeln im ausdehnungslosen Punkt der Gegenwart: „Die Gegenwart umfaßt keine Spanne" (Confessiones XI 15,20). So ist die Seele, entsprechend der ewigen Gottheit, etwas Übergreifendes, dem überkategorialen Göttlichen verwandt und der Gemeinschaft mit ihm fähig. So schreibt Augustinus in den *Confessiones* (XI 26,23): „Es scheint mir, die Zeit sei nichts anderes als eine Ausdehnung. Doch die Ausdehnung welcher Sache, weiß ich nicht. Doch wäre es sonderbar, wenn es nicht eine Ausdehnung des Geistes selber wäre." Die Zeit ist also die „Ausdehnung der Seele". Der Mensch ist nicht nur Gegenwart. Wenn er nur Gegenwart wäre, dann könnte er nicht schöpferisch und moralisch handeln und wäre nicht selbstursprünglich im Tun.

Darin drückt sich nun die Gottebenbildlichkeit des Menschen aus: Er ist im überzeitlichen und übermomentanen Vermögen seiner Seele dem Göttlichen verwandt und des Göttlichen fähig. Wenn das Göttliche nun selbst rein überzeitlich wäre und keinen Bezug zum Geschichtlichen und Endlich-Vergänglichen hätte, wie der spätantike Platonismus es dachte, dann wäre auch im Ewigen keine Gemeinschaft zwischen Gott und dem endlichen Menschen möglich. So veränderte und überhöhte Augustinus auch das Verständnis des ewigen Gottes: Gott ist die unveränderliche Fülle des Seins auch der endlichen dinge. Das rätselhafte Gedicht der Heiligen Schrift im Buche Kohelet (Koh 3,1–15) scheint wie von Augustinus selbst geschrieben: Gott hat ein Stück Ewigkeit in alles hineingelegt. „Alles, was Gott tut, geschieht in Ewigkeit. Man kann nichts hinzufügen und nichts abschneiden … und Gott wird das Verjagte wieder suchen" (Koh 3,14 f.). Gott erscheint hier als der große Sammler, der alles Ewige im Zeitlichen bewahrt und aufhebt. Wenn wir einmal bei Gott ankommen, dann wird alles, was wir in dieser Welt verloren haben und nur in Erinnerung behalten, Teil unserer übergreifenden Seinsfülle werden. So ist das Göttliche auch die Vollendung des Menschlich-Zeitlichen, nach der wir uns in dieser Welt mit unserem immer schon überzeitlichen Streben sehnen. Gott ist in seinem überzeitlichen, transzendenten Sein auch die Vollendung und Seinsfülle des geschöpflichen Seins. Die menschliche Seele als Einheit in Verschiedenheit mit ihren drei Vermögen Denken *(mens)*, Erinnern *(memoria)* und Wollen *(voluntas)* ist deshalb schon ein innerweltliches Abbild des überzeitlichen Seins Gottes (vgl. De Trinitate XV 22,42). „Denke an Gott, du wirst bei ihm ein ‚Ist' finden, das kein ‚War' und ‚Wird-Sein' duldet. Damit also auch du (in einem solchen Sinne) seiest, übersteige die Zeit! – Aber wer vermag dies aus eigenen Kräften?" (In Ioannis evangelium tractatus 38, 10).

Populäres zum historischen und geistigen Umfeld

Einführungen in die spätantike Geschichte:

MOSES HADAS, *Römisches Reich. Das lateinische Jahrtausend,* 1972 (Kurztitel = **Hadas**).

IVAR LISSNER, *So lebten die römischen Kaiser. Macht und Wahn der Cäsaren,* 1969.

Einführungen in die Philosophiegeschichte:

WILHELM WEISCHEDEL, *Die philosophische Hintertreppe. 34 große Philosophen in Alltag und Denken,* 17. Aufl. 1988 (Kurztitel = **Weischedel**).

ERNST VON ASTER, *Geschichte der Philosophie,* 1963 (Kurztitel = **Aster**).

Ausgaben der Augustinus-Werke und Bibliographien

Die bis heute unübertroffene lateinische *Mauriner* Gesamtausgabe der Werke Augustins erstellten der bedeutende Gelehrte Jean Mabillon (1632–1707) und seine Mitbrüder von der Pariser Abtei von St. Germain-des-Prés, dem alten Zentrum der Maurinerkongregation. Diese französische Reformkongregation der Benediktiner hatte sich 1618 unter dem Namen des hl. Maurus zusammengeschlossen:

Augustini Opera. Opera et studio monacorum Ordinis S. Benedicti e Congregatione S. Mauri, 10 Bde., Paris 1679–1700.

In der Regel wird der Student oder Forscher die Werke des hl. Augustinus in den großen Reihenwerken *Patrologiae cursus completus. Series Latina* (PL), *Corpus scriptorum ecclesiasticorum latinorum* (CSEL) und *Corpus Christianorum* (CCL) finden.

Eine detaillierte Übersicht aller augustinischen Werke bieten:

CORNELIUS MAYER, *Augustinus-Lexikon,* 1. Bd., XI-XXIX, 1986ff. und

WILHELM GEERLINGS, *Augustinus. Leben und Werk. Eine bibliographische Einführung,* 2002.

Mayer ist zugleich Leiter des Zentrums für Augustinus-Forschung in Würzburg, das über die Internet-Seite www.augustinus.de ein ausgezeichnetes Angebot für alle Interessierten bereitstellt, und Herausgeber des *Corpus Augustinianum Gissense,* Basel 1995 (CAG), einer CD-ROM, die sämtliche Werke Augustins sowie ein Verzeichnis von 25000 Titeln Sekundärliteratur verfügbar macht.

Geerlings bietet zu jedem Werk Augustins Listen der Ausgaben, Übersetzungen und Sekundärtitel an.

In der *Bibliothek der Kirchenväter* erschienen 1911–1936 etwa ein Dutzend Bände Übersetzungen aus Augustins Werk.

Die Deutsche Augustinus-Ausgabe, hrsg. u. übers. von Carl Johann Perl, 1955 ff. ist derzeit mit zwölf Bänden im Buchhandel erhältlich.

Sankt Augustinus der Seelsorger ist die *Deutsche Gesamtausgabe seiner moraltheologischen Schriften,* 1949–1986.

Unter dem Titel *Sankt Augustinus der Lehrer der Gnade* erscheint eine *Deutsche Gesamtausgabe seiner antipelagianischen Schriften,* hrsg. von Adalbero Kunzelmann u. Adolar Zumkeller, 1971 ff.

Eine neue kritische Gesamtausgabe (lateinisch-deutsch) erscheint seit 2002 unter dem Titel: *Augustinus Opera – Werke,* hrsg. von Wilhelm Geerlings u. a.

Einzelübersetzungen

Einzelne Übersetzungen und zweisprachige Ausgaben finden sich in den Reihen *Fontes Christiani, Augustinus heute, Die Bibliothek der Alten Welt/ Reihe Antike und Christentum, Sammlung Tusculum, Philosophische Bibliothek, Reclams UB, excerpta classica* und *Sammlung Christliche Meister.*

Wegen der theologisch herausragenden Bedeutung ihrer Übersetzer, Kommentatoren und Herausgeber kann man folgende Ausgaben „klassisch" nennen:

AUGUSTINUS, *Bekenntnisse,* lat. u. dt., eingel., übers., u. erl. von Joseph Bernhart, 1987.

AURELIUS AUGUSTINUS, *Die Bekenntnisse,* Übertr., Einl. u. Anm. von Hans Urs von Balthasar, 4. Aufl. 2002.

AURELIUS AUGUSTINUS, *Über die Psalmen,* ausgew. u. übertr. von Hans Urs von Balthasar, 1936 (gestraffter Text).

AURELIUS AUGUSTINUS, *Der Gottesstaat. De civitate Dei: Systematischer Durchblick in Texten,* hrsg. u. eingel. von Hans Urs von Balthasar, 3. Aufl. 1996 (neu angeordnete Textauswahl).

Zu den maßgeblichen Übersetzungen gehören ferner die des evangelischen Pfarrers und Theologieprofessors Wilhelm Thimme (1879–1966) von *Die Bekenntnisse,* 1985 und *Vom Gottesstaat / De civitate dei,* eingel. u. komm. von (dem großen Patristiker) Carl Andresen, 2 Bde. (Zürich 1955), 1977.

Zitatsammlungen und kommentierte Textsammlungen

Augustinus. Unruhig ist unser Herz. Lesestücke aus seinen Werken, ausgew., übers. und eingel. von Joseph Bernhart, 1953, 1980.

Augustinus. Das Antlitz der Kirche, Ausw. u. Übertr. von Hans Urs von Balthasar, 1955.

Augustinus. Die Gestalt als Gefüge, Erich Przywara S.J., 1933.

Aurelius Augustinus: Aufstieg zu Gott, hrsg., eingel. und übers. von Ladislaus Boros, 1982 (Kurztitel = **Boros**).

Augustin. Reflexionen und Maximen, aus seinen Werken ges. und übers. von Adolf Harnack, 1922.

Augustinus in Selbstzeugnissen und Bilddokumenten, dargestellt von HENRI MARROU, 1958, bietet eine Mischung aus Textsamlung und Einführung des großen Kirchenhistorikers (1904–1977) an der Sorbonne.

Biographien und Arbeiten über Augustins Denken

Einführungen bieten weiters:

GISBERT KRANZ, *Augustinus. Sein Leben und Wirken,* 1994 (Kurztitel = **Kranz**).

WILHELM GEERLINGS, *Augustinus,* 1999.

ERNST DASSMANN, *Augustinus. Heiliger und Kirchenlehrer,* 1993.

STEFAN GILSON, *Der heilige Augustin. Eine Einführung in seine Lehre,* 1930.

FRITS G. L. VAN DER MEER, *Augustinus der Seelsorger. Leben und Werk eines Kirchenvaters,* 1951 (lebendige Einführung in Lebenswelt und Persönlichkeit des „reiferen" Augustinus, v. a. anhand seiner Predigten).

Biographien schrieben:

PETER BROWN, *Augustinus von Hippo. Eine Biographie* (engl. 1967), 1979 (umfangreich).

VERA PARONETTO, *Augustinus. Botschaft eines Lebens,* 1986 (gut lesbar, mit zahlreichen Textbeispielen).

Einige Klassiker zu Einzelthemen:

ROMANO GUARDINI, *Die Bekehrung des Aurelius Augustinus. Der innere Vorgang in seinen Bekenntnissen,* 1935 (*Confessiones*-Kommentar mit Hauptbegriffen Augustinschen Denkens).

GOTTLIEB SÖHNGEN, *Der Aufbau der augustinischen Gedächtnislehre. Conf. X c. 6–27,* in: GOTTLIEB SÖHNGEN, *Die Einheit in der Theologie. Gesammelte Abhandlungen, Aufsätze, Vorträge,* 1952, S. 63–100.

JOSEPH RATZINGER, *Volk und Haus Gottes in Augustins Lehre von der Kirche,* 1954.

MICHAEL SCHMAUS, *Die psychologische Trinitätslehre des hl. Augustinus,* 1927.

Augustinus-Kritik

Der größte deutschsprachige Augustinus-Kenner ist zugleich auch sein größter Kritiker:

KURT FLASCH, *Augustin. Einführung in sein Denken,* 1980.

KURT FLASCH, *Logik des Schreckens. Augustinus von Hippo. Die Gnadenlehre von 397,* 1990 (Übersetzung, Auslegung und Wirkungsgeschichte von *De diversis quaestionibus ad Simplicianum* I 2; Kurztitel = **Flasch**).

KURT FLASCH, *Was ist Zeit?,* 1993 (Übersetzung, Kommentar und Wirkungsgeschichte von *Confessiones* XI).

Augustinus. Ausgew. und vorgest. von Kurt Flasch, 1997 (Textsammlung).

Weitere Literatur

HANS CHRISTIAN SCHMIDBAUR, *Personarum Trinitas. Die trinitarische Gotteslehre des heiligen Thomas von Aquin,* 1993 (Kurztitel = **Schmidbaur**).

Ein gutes, einbändiges Lexikon:

Augustine through the Ages. An Encyclopedia, hrsg. von Allan D. Fitzgerald, Grand Rapids, Michigan 1999.